# O PODER DA ENERGIA DA BELEZA

Dr. Victor Cutait

# O PODER DA ENERGIA DA BELEZA

## COMO USÁ-LA PARA TRANSFORMAR SUA VIDA E MELHORAR SEUS RELACIONAMENTOS

Book advisor: Eduardo Viegas Meirelles Villela
Coordenação editorial: Eduardo V. M. Villela
Preparação de originais: Joaquim Maria Botelho
Revisão: Clene Salles
Diagramação, projeto gráfico e ilustrações de miolo: Isabel Viviani
Arte de capa: Isabel Viviani

Dados Internacionais de Catalogação na Publicação (CIP)

C988p Cutait, Victor

O poder da energia da beleza: como usá-la para transformar sua vida e melhorar seus relacionamentos / Victor Cutait. -- 1.ed. - São Paulo: [s.n.], 2022.

224 p.; 16 cm x 23 cm .

ISBN: 978-65-87369-14-3

1. Cutait, Victor, 1977 .2. Autoestima. 3. Autoajuda. 4. Beleza. I. Título: como usá-la para transformar sua vida e melhorar seus relacionamentos

CDD 158.1

---

Índice para catálogo sistemático:

1. Cutait, Victor, 1977
2. Autoestima
3. Autoajuda
4. Beleza

Para enviar comentários sobre o livro ou adquirir mais exemplares, escreva por favor para atendimento@cutaitcirurgiaplastica.com.br ou faça contato pelo número de WhatsApp (11)94556-2543.

# DEDICATÓRIA

A minha mãe, Heliana, a mulher responsável pelo meu desenvolvimento. Foi através de seu exemplo que aprendi a cuidar do próximo. Foi com o seu senso crítico que aprendi a importância da beleza. Foi pela sua fé que acreditei que não existem limites para nossos sonhos.

Mamãe, esse livro é para você saber que valeu a pena toda a sua dedicação!

A minha filha, Carolina: que você cresça sabendo que sua Energia da Beleza é infinita!

A minha esposa, Roberta: que me ensina diariamente como uma mulher merece ter sua Energia da Beleza valorizada!

Por fim, a todas as mulheres... ser mulher é um desafio, desdobrar-se em várias, fazer tudo e agradar a todos. Vocês merecem muito reconhecimento e respeito!

# AGRADECIMENTOS

Agradeço a Deus, em primeiro lugar. Sou um felizardo em poder contribuir para que muitas pessoas se tornem melhores e sei que esse é o meu papel, minha responsabilidade.

Como agradecimento especial, gostaria de mencionar minha esposa Roberta e meus filhos, Carolina, Leonardo e Pedro: vocês são a razão e a base de tudo que sou, fazem minha vida ter força, sentido e direção!

Agradeço aos milhares de pacientes que já atendi e ajudei até hoje e a todos os futuros pacientes que ainda pretendo ajudar. Vocês, ao confiarem no meu trabalho, seguirem minhas recomendações e, principalmente, dividirem comigo o prazeroso compromisso de evoluir, fazem de toda a minha jornada um delicioso caminho rumo ao belo.

Obrigado, de coração, a todos os envolvidos que trabalharam diretamente, com tanto carinho, nesse projeto. A razão de ele existir é servir ao propósito maior de termos uma vida plena e esplendorosa.

# PREFÁCIO

Victor nos leva a uma deliciosa viagem ao reino da beleza. Como é bom viajar com um guia tão sábio e elegante, que tem uma grande vivência e experiência profissional como cirurgião plástico.

Devorei o livro, pois ele nos fala de uma beleza pouco valorizada, que é a beleza interior do ser.

Uma das coisas que me encantaram na leitura foi o objetivo do Dr. Victor Cutait em querer ajudar as pessoas a entender o significado da beleza em suas vidas.

Ele nos mostra o que é a beleza na sua plenitude, e o poder de percebermos o quanto ela tem importância em nossas vidas.

Outro ponto que ele aborda é a Energia da Beleza: um conceito novo, em que ele nos mostra o efeito que a beleza nos causa, que é o bem-estar, ou seja, o poder de movimentar nossa energia e autoconceito, e assim nos sentirmos fortes e seguros. Muito diferente de vaidades!

Ao discutir, na obra, se beleza depende de idade, ele direciona o nosso olhar para a beleza através do tempo. Isso me fez pensar na metáfora da esfinge egípcia que diz:

*Ao nascermos, recebemos uma pedra de mármore, que devemos lapidar durante a nossa vida, retratando a autoimagem. E como o formão está nas nossas mãos, podemos lapidar e relapidar a imagem, toda vez que queremos melhorar a esfinge. Assim, ao evoluirmos com o passar do tempo, a imagem externa vai ficando cada vez mais parecida com a interna.*

O livro também é um convite especial para desenvolvermos o nosso autoconhecimento: ele nos leva a entender como nos vemos e como queremos que os outros nos vejam – tudo isso por meio da força que a Energia da Beleza tem de nos trazer equilíbrio e bem-estar.

Victor é um aluno querido, amigo impecável, um ser em busca do bem e do belo, um guerreiro que luta incansavelmente pela melhora da qualidade de vida das pessoas.

Você tem em mãos um livro que é um presente e muito pode contribuir para o seu desenvolvimento!

**Susy Gonçalves Germano** é terapeuta xamânica, instrutora de PNL, de filosofia das religiões, de arquétipos xamânicos e do mundo animal.

# SUMÁRIO

## SUMÁRIO

# INTRODUÇÃO

Sim, a Beleza tem Poder.

Saber usar esse valor a nosso favor é uma capacidade e um recurso disponível e que também é acessível a todos. Para isso é preciso compreender o que é Beleza e que tipo de beleza você tem. Ou mais ainda: de que maneira condicioná-la a fim de desfrutar de seus benefícios. Aqui o papel e o desenvolvimento do autoconhecimento se tornam importantes no processo.

Há muito tempo tenho forte ligação com tudo o que é relacionado à beleza. Desde menino me envolvi com esse universo fascinante, graças aos exemplos das pessoas na minha família que valorizaram sempre a beleza em tudo que faziam.

Para não ficar na superficialidade da beleza, no que diz respeito (somente) à aparência, tenho algo a relatar. Eu decidi estudar a Beleza de uma maneira mais ampla, com o objetivo de me aprofundar em sua importância social e emocional.

A minha crença na relevância da Beleza para a saúde e o bem-estar das pessoas me levou a me tornar cirurgião plástico. Sou muito feliz por ter tomado essa decisão, porque acredito que o meu trabalho melhora a vida dos pacientes como um todo: eu os ajudo a (re)descobrir e a desenvolver sua beleza externa e interna. E como resultado, isso traz um impacto muito positivo: tanto no mundo psicológico deles como na maneira como enxergam a vida.

Essa confiança no papel transformador da Beleza me motivou a criar uma série de vídeos, que disponibilizo no canal *Energia da Beleza* no YouTube. Nele, trato de temas ligados à beleza e cirurgia plástica, para ajudar as pessoas a entenderem o significado da Beleza nas suas vidas, relações e decisões.

A partir dessa experiência senti a necessidade de escrever este livro para compartilhar minhas reflexões e práticas de uma vida inteira, sobre a influência fundamental da beleza em nossa saúde e qualidade de vida, desmistificando e tornando-a acessível a todos, independente dos padrões pré-estabelecidos.

Ao longo do livro, mostrarei que a Beleza vai além das aparências, seu entorno é muito amplo. Ela é uma energia que todos podem desenvolver e usar a seu favor no dia a dia. E por que é importante trabalharmos nossa Energia da Beleza? Porque ela é um meio muito eficaz para melhorarmos nossa vida em diferentes aspectos: relacionamentos, saúde, carreira, autoconhecimento e autoestima.

Você irá entender o que é o Poder da Energia da Beleza e aprender a usufruir de seus benefícios. Alguns dos temas que tratarei nos capítulos são: as vantagens da beleza; as atitudes que nos afastam dela e prejudicam o nosso bem-estar; como buscar sempre a melhor versão de nós mesmos; a importância de conhecermos nossa história, crenças e valores para vivermos conforme a nossa verdade; como identificarmos e alavancarmos nossas qualidades e virtudes; como fortalecer a nossa autoestima; entre outras dicas e orientações para nos sentirmos e nos tornarmos pessoas mais confiantes, bonitas e realizadas.

É isso o que trago, com toda a minha energia, no sentido de contribuir para com um mundo melhor – e mais belo.

# 1. COMO TUDO COMEÇOU

Era mais um dia comum de trabalho, na minha clínica. Quarta-feira, dia em que normalmente atendo consultas.

Aguardava na recepção uma loira, dançarina de programa de TV, para se consultar comigo. Essa moça não é apenas bonita fisicamente – ela é perfeita! Uma mulher com 1,75 m, corpo atlético, baixa porcentagem de gordura, cabelo produzido, cheirosa, bronzeada, olhos azuis, enfim, um espetáculo. Um padrão de beleza difícil de não ser admirado. Se eu tivesse que definir beleza, certamente apontaria para essa mulher.

No entanto, ela passava por um momento difícil em sua vida. Estava se separando do marido violento, a filha adolescente se encontrava num momento de rebeldia tentando competir com a mãe. Acabara de passar por um processo de seleção para um trabalho no qual a idade estava falando mais alto e não foi aprovada. Sentia-se feia por causa da maturidade – aos 30 e poucos anos, uma modelo normalmente já é considerada ultrapassada no mundo da moda e da TV, porque perdeu o auge de sua juventude e a inocência. Por tudo isso, ela estava mal. Sentadinha, ela esperava o horário da consulta e se mostrava meio encolhida.

Nesse mesmo instante entra outra moça, em quem eu havia feito uma cirurgia. Cheinha, tipo "*mignon*", de 1,50 m, rosto comum, sem nenhum critério físico padrão estabelecido. Passara pelo procedimento de uma lipo comigo três meses antes e se sentia a mulher mais linda do planeta. O marido estava atrás dela, parecendo um bobo, protegendo o seu bibelô. Usava um vestido tubinho colorido, justo, que delineava suas formas, sapatos de salto alto, cabelo bem cuidado e arrumado.

A distância em relação à beleza física entre essas duas mulheres era enorme, a favor da loira. Mas, naquele momento, a baixinha e mais cheinha era muito mais bonita e resplandecente que ela. Tinha uma energia tal, que não havia como não olhar para ela e se encantar. Ela causava em todos, bem-estar. Estava tão dona de si, confiante, feliz, que a sombra dela ofuscou a outra.

Chegou cheirosa, com um perfume forte que tomou a sala. Conforme vou descrevendo, certamente você deverá estar imaginando a beleza exterior dessa mulher. Eu descia a escada quando a vi entrar. Parei e ela começou a falar em alto e bom som, para todo mundo ouvir:

— Doutor, meu mágico! Olhe o que você fez comigo!

Na hora olhei para a loira linda, sentada no canto. Ela se retraiu, escondeu-se e fechou-se como uma flor que fica na sombra, diante da exuberância da paciente que acabara de chegar e que ofuscou a tudo e a todos.

A distância em relação à beleza física entre essas duas mulheres era enorme, a favor da loira. Mas, naquele momento, a baixinha e mais cheinha era muito mais bonita e resplandecente que ela. Tinha uma energia tal, que não havia como não olhar para ela e se encantar. Ela causava em todos, bem-estar. Estava tão dona de si, confiante, feliz, que a sombra dela ofuscou a outra.

Aquilo realmente foi impactante e forte. Nunca, nesses quase 20 anos de cirurgião plástico eu tinha passado por isso: uma pessoa que na multidão seria tida como comum, chegou e dominou o ambiente com sua presença, com sua **energia**. Não tinha quem conseguisse competir com aquela certeza interior que carregava internamente, com a segurança de quem sabe que está bonita, que contém o bem-estar dentro de si, e que o emana para todos que estão ao seu redor!

Segui meu dia, atendi consultas e retornos, mas de certa forma aquela cena não saía da minha cabeça. Como uma beleza tão comum podia dominar um ambiente?

Como uma mulher tida como padrão de beleza se escondia quase envergonhada, frente àquele poder encantador que vinha de dentro daquela nova mulher comum?

Começo este livro com esse acontecimento, que foi emblemático para mim e que pretendo discutir aqui: a **Energia da Beleza**.

# 2. CRIANDO UM CONCEITO

Se me perguntam se sou médico, respondo que sou cirurgião plástico. Esse universo da beleza e da cirurgia plástica sempre foi muito forte na minha formação. Foi para isso que eu estudei e foi esse o caminho profissional que escolhi.

Para complementar meus conhecimentos, decidi estudar o lado psicológico da cirurgia plástica. Em 2003 tive contato com a programação neurolinguística. Meu irmão fez o curso e eu fiquei encantado com o que ele me mostrava. Mas eu não tinha dinheiro para fazer a formação e achei um jeito de estudar por conta própria, pesquisando o tema, enxergando a importância dessa questão. Sempre entendi o cirurgião plástico como o psiquiatra de bisturi.

Quando estava na faculdade, tive um professor de psiquiatria que assim como eu, era fascinado pelo tema da beleza. Penso que mesmo se juntarmos filósofos, psiquiatras, pensadores e ficarmos horas discutindo, não chegaremos a uma definição clara do que seja a beleza. Sempre que havia uma brecha, eu levantava essa discussão com o professor: O que é a **beleza**? Quem detém esse valor? É bom ser bonito? São tantas questões, tantas perguntas, porém, sem uma resposta clara e precisa.

Poderíamos ficar aqui debatendo filósofos gregos como Sócrates ou Platão, ou pensadores modernos como Nietzsche, ou ainda trazer como referência o escritor Umberto Eco com suas célebres obras *"A história da beleza"* e *"A história da feiura"* , mas não é essa a minha intenção agora. Como bom cirurgião, gosto de ser prático e direto. Caso tenha você tenha ficado interessado(a) pelo assunto sugiro que faça uma pesquisa, lhe asseguro que é bem interessante. De todas as formas, não há uma resposta clara e precisa. E foi isso que me motivou a escrever esta obra.

Como você verá no texto de Posfácio, no fim do livro, eu sempre vivi no universo da beleza e para mim, ela sempre esteve presente no meu ambiente e acabou por se tornar um valor de vida. Para um amante da ciência e um curioso nato como eu, isso é um prato cheio! Torna-se um assunto para horas e mais horas de conversa... Numa dessas conversas fui apresentado a um material promocional do posto Shell. Era uma coleção no formato VHS e num desses vídeos era abordado o tema sobre a beleza, era lindo! Assisti diversas vezes.

Lá se discutia padrões culturais, história... Foi uma pena ter perdido esse material, porque era riquíssimo! Através desse documentário foi onde conheci (a meu ver) a melhor definição de Beleza: ***"Beleza é aquilo que, ao nos depararmos, nos causa bem-estar".*** Esta frase foi reveladora. Lembro-me desse momento como algo muito forte na minha vida, uma verdadeira descoberta, um universo se abriu na minha mente, porque definitivamente conseguia definir ao certo o que é a beleza e suas infinitas possibilidades.

Em outras palavras, a beleza está no outro, mas sou eu quem a sente. Então, a riqueza é esta: a beleza não é a pessoa, mas o que a pessoa causa em você; a beleza não está na música, mas no prazer que a música causa em você. A beleza está na sensação que você recebe.

Através desse documentário foi onde conheci (a meu ver) a melhor definição de Beleza: "Beleza é aquilo que, ao nos depararmos, nos causa bem-estar". Esta frase foi reveladora. Lembro-me desse momento como algo muito forte na minha vida, uma verdadeira descoberta, um universo se abriu na minha mente, porque definitivamente conseguia definir ao certo o que é a beleza e suas infinitas possibilidades.

Em outras palavras, a beleza está no outro, mas sou eu quem a sente. Então, a riqueza é esta: a beleza não é a pessoa, mas o que a pessoa causa em você; a beleza não está na música, mas no prazer que a música causa em você.

A beleza está na sensação que você recebe.

Aperfeiçoei o conceito depois que fui estudar PNL, na Sociedade Brasileira de Programação Neurolinguística (SBPNL)[1], em 2015, quando fiz os cursos e a formação completa, já então com recursos financeiros suficientes para isso. Fiz o *practitioner, máster,* o *coaching*, hipnose, *trainee*, fiz tudo. Agora estou estudando algo hoje considerado um pouco antigo que vem da década de 1960, mas que está ganhando novo destaque atualmente, que é o magnetismo do coração. Já existem estudos comprovando que o coração produz um campo magnético maior que o cérebro. O que é o campo magnético? É a energia causada por um veículo de energia que pode repelir ou atrair, conforme a força que faz. A energia do coração é um conceito forte e vem sendo estudado pela fase 3 da PNL – não se trata mais da comunicação verbal, visual ou sensorial, mas da comunicação energética, que demonstra como as pessoas se atraem. O coração é o único órgão que o cérebro não controla e tem seu magnetismo próprio.

Esses estudos me levaram a fazer um paralelo com a beleza e assim construir o conceito de Energia da Beleza, que é o tema deste livro.

Como a beleza é algo que está no outro, mas é você quem sente – ela tem a ver com o coração, com a verdade, com o impacto que o outro causa em você. Quando digo "outro", não estou tratando especificamente de pessoa, mas também de objeto, de música, de aroma, de memória. Se uma lembrança remete a algo bom e causa bem-estar, é uma coisa bela.

---

1 Para mais informações, acesse https://www.pnl.com.br/ .

A partir daí, concluímos que todo mundo pode ser belo(a), porque todos nós temos a capacidade de passar coisas boas para os demais. Alguém contando uma piada pode ser bonito, assim como, quando uma pessoa estiver fazendo um agrado à outra.

Um prato delicioso e bem apresentado pode ser bonito. A beleza não é só física, ela abrange também o plano social e mental. Eis aqui a questão em que o ambiente emana bem-estar no outro: é o seu pensamento, a sua atitude – e como reverbera à volta. Em resumo, se definirmos beleza como aquilo que nos causa bem-estar, além de pessoas, qualquer coisa pode ter beleza. Eu sinto a beleza que está no outro.

Se eu entendo o que é beleza, eu consigo tornar-me belo(a) para o outro, desde que eu queira promover bem-estar. Tendo o domínio da comunicação (verbal, visual, cinestésica) e entendendo o conceito de beleza, você consegue ser bonito(a). Tudo, independentemente de como é a sua aparência, pode ser bonito.

Tudo isso é tão claro para mim que decidi que precisava divulgar, dividir e passar esse conceito para o mundo. Nos tempos atuais em que a tecnologia, a imagem e as redes sociais dominam, criei o canal *Energia da Beleza*, no YouTube, um ambiente saudável onde me dedico a ampliar os temas sobre beleza, saúde, bem-estar e cirurgia plástica, de maneira simples e direta.

Este livro, além de ser uma extensão do Canal, é um sonho de perpetuar o conceito de que todos nós somos bonitos(as) e nossa beleza é única. Independentemente da nossa aparência física, podemos usar esse recurso como forma de comunicação e nos beneficiar muito disso.

Espero que ao final deste livro você, leitor(a), consiga se conhecer, se valorizar e entender a sua **Energia da Beleza**!

Mas, afinal, o que é a Energia da Beleza? No próximo capítulo, vamos entendê-la em detalhes.

**ASSISTA PARA SEMPRE LEMBRAR**

## Você conhece o significado da beleza?

https://www.youtube.com/watch?v=ccb7hRRT8zY&t=96s

# 3. O QUE É A ENERGIA DA BELEZA?

Sempre me perguntei: "O que é beleza?" Como cirurgião plástico, eu precisava entender esse conceito. Como poderia falar de algo se eu não soubesse o seu significado com precisão? Para ser coerente e verdadeiro, enquanto profissional, esse conceito ao menos eu tinha que dominar. E fui estudar o assunto, chegando a pesquisar coisas muito antigas. Durante bastante tempo li filósofos e pensadores de diferentes épocas e não conseguia achar uma boa definição do que é beleza. Era tudo tão vago e impreciso, que a minha natureza de cirurgião não conseguia aceitar.

Você, que está lendo este livro, já parou para pensar no que é a beleza? Você consegue definir numa palavra, ou numa frase, o que ela significa?

Apesar de ser algo bem difícil de definir, acho que cheguei bem perto do que considero ser a melhor explicação, e que já mencionei no capítulo anterior:

> "Beleza é aquilo que ao nos depararmos,
> nos causa bem-estar."

Quando encontramos algo que achamos que é bonito, nosso coração bate diferente. Muitas coisas podem nos causar essa sensação: um vaso de flores, um bebê dormindo, um aroma de um prato preparado com carinho por um familiar, uma pessoa que nos atende com atenção e gentileza em uma loja, uma avozinha sentada numa cadeira de balanço na sala de sua casa, alguém falando com paixão de um assunto que domine e goste muito.

Tudo isso é bonito, porque nos causa bem-estar. E foge do conceito limitado e do senso comum de beleza, como uma loira alta, toda esbelta, ou um homem forte, com o corpo definido. Se sentirmos bem-estar, estaremos diante de algo que é belo à sua própria maneira. Não se trata somente da aparência ou daquilo que é visível e tangível, mas sim uma energia que recebemos e mexe positivamente em nosso mundo interior. Por isso acredito que beleza é pura energia.

Existe um potencial guardado, dentro de cada um de nós, capaz de provocar o bem-estar no próximo. Quando você entende que a beleza é pura energia e tem esse conceito fortalecido dentro de você, consegue ser quem você realmente é e saberá valorizar e fortalecer as suas qualidades e virtudes. O seu mundo é que faz a diferença na beleza, porque não adianta querer ser o que você não é. Portanto, ela é diferente para cada um, porque cada um tem uma história, valores e uma percepção do universo ao seu redor.

## A BELEZA DE SE CONHECER

"Quem é você?"

Essa é uma pergunta que dificilmente as pessoas conseguem responder. A primeira coisa que vem à cabeça é definir-se profissionalmente, entre outros. "Sou médico. Sou advogado. Sou pai de Fulano, sou isso ou aquilo." Mas não é isso exatamente que a pergunta pretende questionar. A questão é: **Quem você é!**

É preciso compreensão integral para saber quem realmente somos. No meu caso, posso me definir como um homem de 40 e poucos anos, descendente de libaneses, que cresceu no interior de São Paulo, praticou esportes competitivos a vida inteira, acredita no trabalho e na meritocracia como valores, tem como propósito ajudar o próximo a se sentir mais belo, valoriza a família, a verdade e a liberdade. Este sou **eu**... São meus pilares. Isso me define mais do que a profissão que desempenho ou a situação momentânea que estou vivendo. Quem é **você**?

E quando somos bonitos(as)?

No momento em que aceito todas essas características, esses valores como meus, aceito quem eu sou e vou a favor da minha genética, da minha natureza, do meu universo, da minha Energia da Beleza. Valorizando e respeitando o que **eu** sou!

Foram milhares de gerações para chegarmos até onde estamos hoje. Passar o gene para a frente. Este é o instinto mais básico de todos os seres vivos: a perpetuação da espécie. Se você valoriza a sua genética, não tem como não perceber isso. Logo, o primeiro conceito a ser compreendido em relação à beleza interior é entender quem é você, de onde veio e, porque tem determinadas características físicas. Se não aceitar isso, estará sempre frustrado, passando energia ruim. Ou seja, nunca vai ser bonito(a).

Não existe o corpo ideal. Existe o **seu** corpo ideal, baseado na sua característica genética. Então, faça valer o melhor daquilo que é seu. Posso pensar que hoje não estou com o corpo ideal em função de ter descuidado da alimentação ou da atividade física.

As pessoas têm grande dificuldade de reconhecer a sua própria beleza porque preferem dar valor ao outro. Mas, normalmente, quem se dedica à autopercepção e aceita suas características (sem prejulgamentos), é bonito. Todos nós temos em nossa natureza pontos positivos e negativos, e nem por isso somos melhores ou piores do que os outros. Quando respeitamos quem somos e focamos no lado positivo da vida, isso faz toda a diferença para o nosso bem-estar.

Não estou dizendo que isso é ruim, até porque às vezes uma escapada pode fazer bem para a sua cabeça – nós precisamos ter prazer para viver bem. A beleza tem a ver com o prazer, mas também tem a ver com sua verdade. Se para você comer é mais importante do que ter um corpo magro, coma! Seja feliz! Mas não queira ser magro e esbelto, comendo. Você só demonstrará que não tem autoconhecimento, que não conhece as suas características pessoais e que não sabe direito o que quer.

As pessoas têm grande dificuldade de reconhecer a sua própria beleza porque preferem dar valor ao outro. Mas, normalmente, quem se dedica à autopercepção e aceita suas características (sem prejulgamentos), é bonito. Todos nós temos em nossa natureza pontos positivos e negativos, e nem por isso somos melhores ou piores do que os outros. Quando respeitamos quem somos e focamos no lado positivo da vida, isso faz toda a diferença para o nosso bem-estar.

A Energia da Beleza também causa impacto positivo na saúde. Na realidade, beleza é saúde e ao aceitá-la como energia, o nosso corpo trabalha melhor.

É importante lembrar que o conceito de saúde vai além do bom funcionamento do nosso corpo. Saúde é a integração do bem-estar físico, psíquico e social, e não apenas a ausência de doenças[2] – conforme definição da própria Organização Mundial de Saúde. A beleza está nesses três aspectos.

---

2 Esta é a definição de saúde adotada pela OMS – Organização Mundial de Saúde. Informação disponível em: https://scielosp.org/pdf/physis/2019.v29n1/e290102/pt.

No momento em que eu me sinto bem ao entender quem sou e quais são as minhas características, eu começo a me aceitar melhor. E a aceitação é fundamental.

Se eu tenho um pai e uma mãe gordos, isso significa que carrego genes hereditários de obesidade, então minhas chances de ser magro são menores – nada me impede de querer ser magro, mas em primeiro lugar deverei respeitar as minhas características genéticas para poder trabalhar minha vontade e construir hábitos que me levem rumo ao objetivo de ter um físico mais saudável e condicionado. Entenderei que a comparação com pessoas que possuem características diferentes da minha, além de perigosa, pode ser frustrante. Se eu compreendo tudo isso e valorizo minha história construída, serei uma pessoa mais bonita, que consegue transmitir a Energia da Beleza.

Desenvolver o seu autoconhecimento é algo tão importante que no capítulo 6 tratarei mais do assunto.

## BELEZA É ALGO GENÉTICO?

Li, numa revista feminina, sobre uma pesquisa que informa que 12% das mulheres acreditam que, se não nasceram bonitas, nunca vão ficar bonitas. Quando vi a pesquisa, achei no mínimo curiosa – uma parcela considerável da população achando que beleza é genética e ponto.

A função deste livro é desmistificar o tema beleza e ampliar a discussão. Mostrar que todos nós temos nossa própria beleza. E você, que está agora lendo este livro, pode desenvolver a sua Energia da Beleza.

O meu conceito é que beleza é algo maior. Não é só o culto à imagem. A beleza é energia, e, se num primeiro momento é visual, no segundo momento vem do coração. É um magnetismo que só se manifesta se existe verdade e só acontece se você estiver alinhado à sua essência.

Uma parte do meu trabalho como especialista é mostrar isso aos clientes que me procuram. Costumo brincar, dizendo que o cirurgião plástico é o psiquiatra de bisturi. Porque, no fundo (e foi uma coisa que eu demorei em entender), é que as pessoas não procuram o cirurgião plástico por causa apenas de sua aparência: querem algo a mais, querem preencher um vazio, resolver uma carência. Querem ser cuidadas e valorizadas e precisam de atenção. Necessitam sentir que são queridas.

Vou contar um caso recente. Atendi uma moça que fez enxerto no bumbum. Mais tarde, voltou, reclamando que o procedimento não tinha ficado bom e que não estava satisfeita. Mostrei as fotos de antes e depois da cirurgia e confirmei que foi um sucesso de estética. Ela baixou os olhos e comentou:

— Meu marido não percebeu...

Então eu lhe respondi:

— Será que ele não percebeu ou apenas ainda não falou? Repare nas atitudes não verbais dele. Como você mencionou, ele está lhe procurando mais, está mais ciumento, mais incomodado com as roupas que você usa. Que prova você quer mais de que ele realmente gostou da sua cirurgia? Nem sempre nos comunicamos por palavras, um gesto vale mais que mil palavras.

Ela concordou com a cabeça, deu um leve sorriso e disse:

— Realmente ele mudou muito!

A percepção do que é real e do que é imaginário está muito na nossa cabeça. É aí que entra o papel do psiquiatra que de certo modo está latente em mim: procurar entender o que a pessoa está querendo e o que ela espera. No caso dessa cliente, se o marido não disser com todas as letras que o bumbum dela ficou bonito, continuará achando que a cirurgia foi um fracasso. Entendi que ela fez a cirurgia para ganhar elogios do marido, sentir-se mais querida e valorizada por ele. No momento em que mostrei para ela que mesmo sem elogiar verbalmente o marido já tinha valorizado a mudança, ela se sentiu melhor, aceitou que ficou mais bonita após a cirurgia e se satisfez. Com certeza, sua Energia da Beleza mudou depois disso.

Se você está dentro desse percentual de 12% de mulheres que acham que não nasceram bonitas e por isso nunca serão, está cometendo um crime contra si mesmo. Sabe por quê? Porque a sua atitude já joga você para baixo. Você pode sim ser bonita. E eu digo mais: você é uma pessoa bonita. Basta entender: a energia vem do seu coração, vem da sua atitude.

Quando você tem uma atitude positiva, alinhada com a sua verdadeira essência, você se torna bonito(a), e faz com que os outros, ao se depararem com você, se sintam bem. Este é o verdadeiro conceito de beleza. Reflita. Você pode ser muito mais bonito(a) do que você pensa que é.

## BELEZA TEM IDADE?

Será que só os jovens são bonitos? Eu tenho o prazer de afirmar que não. Todas as mudanças de idade têm a sua beleza. Uma pessoa de 50, de 70, de 80 anos, pode ser linda. De que depende isso? Vou dividir a resposta em três partes.

A primeira – e mais importante – é ser verdadeiro(a), não querer parecer algo que você não é. Não adianta querer esconder a idade, mas usar a idade como uma ferramenta positiva para compreender a vantagem que você tem em relação ao seu aprendizado e da sua experiência de vida. Quando você tenta mascarar, estará menosprezando a si mesmo e o que tem de mais positivo: a sua maturidade.

A segunda parte é esta: "Onde está a beleza da maturidade?" A beleza está no ajuste da força. Você, hoje, consegue adequar o ajuste da força para o problema, sabe com o que deve se preocupar, tem capacidade para distinguir o que é real do que é fictício, não gasta energia à toa e reconhece a medida do quanto pode se expor. Então você se torna verdadeiro(a) e se alinha, e isso transpassa beleza.

E a terceira e última: dar valor ao que realmente é importante para você! Quanto mais maduro(a), mais nos conhecemos e sabemos distinguir o que é realmente importante. Assim sendo, podemos ir atrás disso com toda nossa força, otimizando o esforço e se preocupando menos com julgamentos e preconceitos.

Quando uma possível cliente, de 60 anos, procura o meu consultório e me pede para rejuvenescer 20 anos, eu respondo: "Desculpe, não sei fazer isso. O que eu consigo é diminuir as marcas do tempo para que você pareça uma mulher de 60 anos muito melhor."

Uma mulher de 60 anos pode ter uma energia fantástica, uma saúde impecável e uma atitude tal, que irá mantê-la bela, apesar de não ter mais os traços da juventude.

## EXISTE FEIURA?

Sim, existe a energia da feiura. Por mais que uma pessoa seja fisicamente bonita, se ela é mal-humorada, pessimista, arrogante ou trata os outros com indiferença, será feia para mim. A Energia da Beleza atrai, a energia da feiura é repulsiva. E as duas podem coexistir na mesma pessoa, porque beleza e feiura estão ligadas às atitudes e comportamentos – uma pessoa que faz escândalo, cede à ira, é agressiva, torna-se feia e vulgar. Pense no mal-estar que causa uma linda mulher que, de repente, vira o rosto de lado e dá uma cuspida no chão. Não causaria incômodo e mal-estar?

Se eu provoco atração ou repulsa no outro, eu sou (ou deveria ser) plenamente responsável por isso. Nós podemos sim, remodelar nosso comportamento. Todos nós contamos com o poder consciente de controlar a energia que desejamos transmitir. O problema é que, muitas vezes, em virtude de um dia a dia corrido, vivemos no piloto automático e deixamos de prestar atenção ao impacto que nós causamos.

Nossa caminhada na busca da Energia da Beleza nem sempre é fácil. Temos dias ruins. Lidamos com muitos desafios. Imprevistos acontecem.

Por mais que uma pessoa seja fisicamente bonita, se ela é mal-humorada, pessimista, arrogante ou trata os outros com indiferença, será feia para mim. A Energia da Beleza atrai, a energia da feiura é repulsiva. E as duas podem coexistir na mesma pessoa, porque beleza e feiura estão ligadas às atitudes e comportamentos – uma pessoa que faz escândalo, cede à ira, é agressiva, torna-se feia e vulgar. Pense no mal-estar que causa uma linda mulher que, de repente, vira o rosto de lado e dá uma cuspida no chão. Não causaria incômodo e mal-estar?

Estamos muitas vezes sobrecarregados. Cabe a nós nos permitirmos errar, avaliar e recomeçar. Lembro-me de Nelson Mandela e de sua frase: *"Eu nunca perco. Ou eu ganho, ou aprendo!"*[3]. Fazendo uma paráfrase, eu digo: "Eu não erro; eu aprendo".

Vou exemplificar com um caso que vivenciei. Durante o meu curso de *coaching*, uma das alunas, uma mulher de meia idade fisicamente impecável – facilmente se distinguiria da média – , mostrou-se inicialmente insegura, sua linguagem corporal demonstrava o nítido desconforto naquele ambiente desconhecido e estranho, deixava transparecer uma arrogância por sua condição profissional de ser bem-sucedida bem como no pessoal por ser uma mulher saudável, de boa aparência. Assim sendo, quis se impor naquele ambiente, mesmo que inóspito para ela. Posicionava-se querendo sobrepor-se através da sua presença física. Sou capaz de afirmar que naquele momento, sua energia causava repulsa. Por mais bonita que fosse, estava feia! Na medida em que o curso avançava e foi entendendo as questões, conhecendo o tema e as pessoas, ela foi se soltando. Pouco a pouco se mostrou em seu todo, com suas características e deixou claro os seus valores e visões de mundo. Conseguiu se abrir e entender que a sua vida não era perfeita, que tinha problemas na sua casa, na sua família, no seu trabalho – como todo mundo – e que isso são características e não defeitos. No final do curso ela estava muito mais aberta, e inclusive, um aluno do curso comentou

---

3 Frase famosa que pode ser consultada neste endereço: https://oespacodoconhecimento.com.br/licoes-de-nelson-mandela/ .

como ela havia mudado. O professor gentilmente interveio e afirmou que todos nós tínhamos mudado e evoluído, e que isso era fruto da segurança do autoconhecimento.

O resumo é que, quando chegou ela tentava se proteger e se situar. Ao conhecer as pessoas, não queria exatamente interagir ou trocar energia. À medida que se soltou e se abriu por sentir-se mais segura, os colegas agiram da mesma forma, então houve uma troca de Energia da Beleza. O que foi que aconteceu? Foram eliminados os preconceitos e julgamentos. Fluiu uma positividade entre todos reciprocamente. Simplesmente isso.

## BELEZA É RECIPROCIDADE POSITIVA

Busquei ao longo deste capítulo explicar a Energia da Beleza de forma ampla e detalhada.

Como ela parte de nós e é sentida pelo outro, há uma troca de sentimentos e de impressões que é conduzida através do magnetismo que nasce do coração.

Estudos revelam que não apenas o cérebro emite ondas magnéticas e é o único responsável pela nossa inteligência, emoções e empatia com as outras pessoas. Há magnetismo presente também em nosso coração. Essa inteligência do coração tem a capacidade, junto com o cérebro, de gerar energia positiva que pode ser facilmente captada pelos corações e cérebros dos outros, causando bem-estar neles. Não é coincidência dizermos que temos uma ligação de coração com aquelas pessoas que nos proporcionam bem-estar, prazer e alegria. Esse magnetismo do coração é real.

A Energia da Beleza é um conceito que trago comigo desde 1997, mas foi ganhando clareza na medida em que fui estudando, me aprofundando em questões filosóficas, estéticas, de saúde e PNL. Hoje, usando toda a minha experiência em mais de 10.000 cirurgias realizadas, a vivência que adquiri no contato social, entendi que a beleza é magnetismo, energia pura. Portanto, ela é uma coisa muito além do físico. Entendi que aceitar o padrão que define beleza apenas como estética, aparência e imagem é desmerecer algo que tem um potencial imenso para melhorar a qualidade da nossa vida. Ela é muito mais que isso e envolve a ativação de todos os sentidos. Por exemplo: o charme, algo que não é físico, mas é uma das manifestações da Energia da Beleza porque encanta as pessoas.

O conceito e seu fundamento é: se aproximar daquilo que causa bem-estar e se afastar do que causa mal-estar. Isso vale para as relações pessoais, para a família, para o ambiente de trabalho.

Em nosso país a imagem é muito cultuada. Você, leitor(a), sabia que um dos temas mais pesquisados na Internet é: "Como eu consigo ficar linda"? Que relevância isso tem para ser um dos temas mais pesquisados? Qual a necessidade de se sentir belo(a)? O que há por trás disso? A resposta é simples: quando nos sentimos lindos(as), transmitimos energia positiva e, por consequência, bem-estar ao outro. Assim, a partir do momento em que as pessoas estão querendo ficar mais bonitas, na verdade, querem causar bem-

-estar, porque sabem que irão receber de volta positividade, atenção e aceitação. Por isso esse é um tema tão relevante.

Veremos, no capítulo seguinte, que considerar a beleza apenas como aparência é uma visão limitada e pode, inclusive, prejudicar sua vida.

## ASSISTA PARA SEMPRE LEMBRAR

### Por que discutir a energia da beleza?

https://www.youtube.com/watch?v=rMnQgFzIR-c

### As três leis da vida

https://www.youtube.com/watch?v=A2vrbZoCxqI

## Genética determina beleza?

https://www.youtube.com/watch?v=LNqmPue-35g&t=41s

# 4. MUITO ALÉM DA APARÊNCIA

Vivemos num mundo em que a imagem é extremamente valorizada. Qualquer contato começa pelo visual. O conteúdo vem depois, num segundo momento. Quando alguém pede para ser adicionado numa rede social, a primeira coisa que a pessoa vai verificar é a foto do perfil. O Instagram traz como dado que 70% dos seus novos seguidores escolhem seguir você ou não, pela sua foto do seu perfil. Uma postagem com uma foto feia e que não transmite bem-estar terá poucas curtidas. O texto importa menos. Temos que falar pelas fotos.

Mesmo saindo das redes sociais e indo para o mundo real, a aparência e o visual contam demais. Seja numa entrevista de emprego ou quando você conhece alguém pela primeira vez.

Mas como e quando surgiu tamanha fixação das pessoas pela aparência?

O conceito de beleza que vemos em muitos filmes de Hollywood, redes sociais, *outdoors*, propagandas, novelas, revistas, desfiles de moda e outras mídias, foi fabricado por grandes empresas e marcas poderosas no século XX e é amplamente difundido e comunicado até hoje, tendo passado por algumas atualizações ao longo do tempo. Fazendo uso de investimentos pesados em *marketing*, essas empresas e marcas conseguiram criar e fixar na cabeça de grande parte das pessoas a mensagem de que existe um padrão de beleza a ser valorizado e seguido: a aparência deve estar associada a um corpo jovem com características específicas (ex.: magro, esbelto, musculoso, estatura elevada, etc.).

Se você quiser se familiarizar mais com o tema e com essas evoluções sugiro o livro *A história da beleza no Brasil* da jornalista Denise Bernuzzi de Sant'Anna[4]. De uma maneira brilhante ela mostra a evolução da beleza no Brasil e de como nos tornamos referência mundial no culto do corpo e do belo.

A sociedade em que vivemos tornou-se focada e obsessiva por esse padrão de beleza, o que faz com que algumas pessoas percam a mão e exageram na musculação, nas restrições alimentares, nos procedimentos estéticos, etc. E é aí onde a beleza se perde, porque a pessoa deixou de ser autêntica.

Essa concepção de beleza é extremamente limitada e precisa ser combatida, porque muitas pessoas estão ficando tristes, frustradas e deprimidas, já que não conseguem alcançar esse padrão.

Há algum tempo assisti ao clipe da música "*Vai Malandra*", da cantora Anitta, e fiquei entusiasmado ao ver como ela teve a coragem de mostrar seu corpo natural, andando tranquilamente e marcando muito forte sua celulite. O clipe foi notícia até no jornal britânico The Guardian. Anitta sabe o poder dela. E ela quis mostrar que é possível ser bonita com a celulite e apesar da celulite. Porque a celulite faz parte da anatomia da mulher. Estou seguro de que você pode conviver, pode ser feliz e ser bonita com ou sem celulite. E você deve estar pensando agora:

---

4 SANT'ANNA, Denise B. de. *A história da beleza no Brasil.* São Paulo: Contexto, 2014.

"Ah, mas ela pode porque é a Anitta". Justamente por ser a Anitta, ela poderia estar somente preocupada com a aparência, mas ela sabe que o conjunto e a energia que ela passa são muito mais poderosos do que se preocupar com uma celulite.

E como você transmite energia? Sentindo-se bem, tendo o coração alinhado com a sua verdade. É preciso respeitar o seu próprio padrão, a sua genética, sem querer ser algo que você não é. Nenhum cirurgião plástico consegue transformar você em outra pessoa. A indicação de uma cirurgia plástica só é necessária e o procedimento bem-sucedido, quando se leva em consideração as suas características como um todo, fazendo sentido dentro do seu contexto. Não adianta fazer algo que é imposto pela sociedade, pelo marido, pela esposa, pelos amigos. Deve-se apenas buscar melhorar aquilo que lhe incomoda, aquilo que não está alinhado com o que você é, sem ficar se comparando aos outros.

## POR QUE DEVEMOS BUSCAR A ENERGIA DA BELEZA?

Acredito que devemos transformar a Energia da Beleza em um dos pilares de sustentação de nosso bem-estar físico, psicológico e social. Mas por quais razões vale a pena fazer isso? A explicação é que você desfrutará de muitos benefícios. Vou abordar alguns a seguir.

Como médico, estou convicto que a Energia da Beleza fortalece o nosso **sistema imunológico**. Vou explicar: não enxergamos a energia, mas conseguimos senti-la quando

Como médico, estou convicto
que a Energia da Beleza fortalece
o nosso sistema imunológico.
Vou explicar: não enxergamos
a energia, mas conseguimos
senti-la quando estamos atentos
à dinâmica das nossas relações.
Quanto mais energia boa
emanar de mim, mais receberei
positividade das outras pessoas.
Nosso corpo é energético e quanto
mais transmitir e absorver energia
positiva, mais equilibrada ficará
a nossa bioquímica, assim sendo,
estaremos menos sujeitos aos
problemas de saúde.

estamos atentos à dinâmica das nossas relações. Quanto mais energia boa emanar de mim, mais receberei positividade das outras pessoas. Nosso corpo é energético e quanto mais transmitir e absorver energia positiva, mais equilibrada ficará a nossa bioquímica, assim sendo, estaremos menos sujeitos aos problemas de saúde.

Alguém que cuide, fortaleça e desenvolva essa energia irá se **relacionar de maneira mais saudável** com as pessoas – seja em contextos familiares, profissionais ou sociais e experimentará muito mais felicidade no dia a dia.

Uma pessoa mais feliz e equilibrada com a sua Energia da Beleza, julga menos, reclama menos e se **responsabiliza por suas atitudes** e comportamentos; tem **empatia** – ela sabe se colocar no lugar do outro e colabora na solução de problemas; e **consegue aproveitar melhor as oportunidades que surgem**.

Outro benefício de quando você está com a Energia da Beleza é que **escolhe melhor as palavras ao falar**. Para uma mesma situação, eu posso optar por emitir palavras que causem dor, repulsa, mágoa, raiva, ou eleger palavras que motivem, incentivam, apoiam e tragam tranquilidade, confiança, esperança e bem-estar.

Por fim, um último benefício que trago é o impacto positivo da Energia da Beleza em nossa **autoconfiança**. Sobre esse tema, recomendo que você assista a um filme de Abby Kohn e Marc Silverstein chamado "*Sexy por acidente*", Retrata uma moça linda, cheia de qualidades e potencialidades, mas que se diminuiu por não reconhecer suas virtudes. Isso faz com que ela entre num círculo vicioso em que toda atitude dela se torna depreciativa. Em um determinado momento, sofre um acidente, bate a cabeça e, do nada, começa a ter um comportamento diferente. Continua com o mesmo cabelo, com a mesma barriga, com o mesmo corpo, no entanto, ela passa a se sentir segura e a agir com autoconfiança em diferentes situações do dia a dia. Quando se olha no espelho, se vê linda e põe na cabeça que é maravilhosa. Ninguém a faz pensar ao contrário e como consequência disso evolui como pessoa – justamente por sentir-se segura, elevou a sua autoestima. Mais adiante no filme, isso muda e ela começa a voltar ao que era antes do acidente. Perde novamente a confiança, relaciona-se mal com as pessoas, foge das situações, até perceber que estava voltando a agir igual como era antes. Porém, o processo de conscientização dela fez toda a diferença.

Veja quantas coisas boas temos a ganhar cultivando a nossa Energia da Beleza.

## SER FISICAMENTE BONITO TRAZ SEMPRE BEM-ESTAR?

Nem sempre a beleza física conta a favor das pessoas bonitas. Você pode até achar que estou errado. Vou exemplificar: uma namorada do jogador de futebol Kaká lançou uma frase que causou controvérsia, quando declarou que sofria preconceito por ser muito bonita. É verdade! Uma pessoa fisicamente muito bela quando chega a um ambiente, chama tanto a atenção que muita gente pensa que ela é apenas a sua aparência. E por isso precisa fazer esforço para mostrar que não é só bonita por fora e que possui outras qualidades.

Mas é fato: efetivamente, quem é muito bonito(a) fisicamente, em algum momento sofre preconceito.

Frases como: "Ah! Você consegue esse destaque porque é bonito(a)..." ou "Você conquista as pessoas por causa da sua aparência". Caramba, um rapaz se esforça muito para encantar uma mulher, ou estuda tanto para uma vaga num concurso, ou se prepara bem para uma posição de emprego, e a reação de muitas pessoas qual é? Desvalorizar todo esse empenho! Portanto, a beleza física de alguém pode gerar um desafio a mais, por ter que provar ao mundo que a sua energia é verdadeira.

E quando a pessoa tem um ego exagerado e se acha extremamente bonito(a)? Ela acha que está transmitindo bem-estar, quando na verdade está causando repulsa nos outros, querem ganhar com a beleza, forçando e impondo a sua diferença, como se fossem melhores que as outras. Por exemplo, uma mulher bonita que quer passar na frente dos outros numa fila e ser atendida primeiro só por ser linda – isso é tóxico e difícil de engolir, porque beleza é energia positiva.

Quem durante toda a vida ouviu que é lindo(a) também pode ter dificuldades, porque tendo isso como uma verdade tão forte, qualquer dúvida pode abalar sua autoestima – pois seu ego precisa ser alimentado o tempo todo. Sua autoestima, quando construída unicamente sobre a beleza física, é um castelo de areia que desmorona muito facilmente. Por isso é que a pessoa bela fisicamente precisa se esforçar para permanecer equilibrada, mental e socialmente. No caso, ela tem que ter uma resolução interna muito grande para saber filtrar e chegar aos lugares com o coração aberto.

## DISTÚRBIO DE IMAGEM

Gostaria de tratar de uma coisa que mexe muito com a nossa psique, que é o distúrbio da imagem corporal e que tem a ver como uma pessoa se vê no espelho.

As pessoas que cultuam a beleza física exageradamente e cultivam uma vaidade extrema, são portadoras de distúrbio previsto no Código Internacional de Doenças. Esse distúrbio as impede de se verem como realmente são. Elas sentem uma insatisfação eterna com os seus corpos. Esses casos não estão relacionados com a beleza, mas com a percepção dessas pessoas a respeito de si mesmas.

Existem várias doenças que levam a isso, como a depressão, a ansiedade, entre outras, que fazem com que a pessoa não se veja como realmente é. Às vezes, ao buscar apenas a beleza física, nada mais está fazendo do que esconder um problema muito maior (e que normalmente tem tratamento). Vemos nas mídias vários exemplos de pessoas que passaram do ponto nos procedimentos estéticos e que não estão bonitas. Mas, se formos verificar esses casos a fundo, perceberemos que elas não estão bonitas por causa da aparência, mas por causa da energia que emanam.

Frases como: “Ah! Você consegue esse destaque porque é bonito(a)...” ou “Você conquista as pessoas por causa da sua aparência”. Caramba, um rapaz se esforça muito para encantar uma mulher, ou estuda tanto para uma vaga num concurso, ou se prepara bem para uma posição de emprego, e a reação de muitas pessoas qual é? Desvalorizar todo esse empenho! Portanto, a beleza física de alguém pode gerar um desafio a mais, por ter que provar ao mundo que a sua energia é verdadeira.

O que está dentro delas não é bonito. E por quê? Porque quando se olham no espelho não conseguem enxergar o que realmente são. Então buscam tratamentos, cirurgias, procurando coisas que não fazem parte da sua verdade interior. É quando a vaidade se torna uma obsessão. É o caso desses jovens que se matam de tomar anabolizantes e moças que preenchem o corpo com produtos que provocam verdadeiras deformações nele. E fazem isso porque não conseguem enxergar em si a verdadeira essência.

Todo mundo pode ser bonito, porque não é a aparência que faz você bonito ou bonita. Se você entender quem você é, onde está e qual é a sua realidade pessoal – a sua genética, o seu biótipo, o seu ambiente – vai conseguir formular um conceito pessoal verdadeiro de beleza, alinhado com o seu coração e com a sua energia.

Vou tratar, no próximo capítulo, de uma questão importantíssima: Quem é você? Um bom nível de autoconhecimento é pressuposto para você poder desenvolver a sua Energia da Beleza.

## ASSISTA PARA SEMPRE LEMBRAR

### Você se acha bela?

https://www.youtube.com/watch?v=zZYWvawPIEw&t=16s

### Celulite da Anitta e corpo feminino

https://www.youtube.com/watch?v=zcLdrMSzaFE

# 5. O QUANTO VOCÊ SE CONHECE?

Quem é você?

Quem é a pessoa que está lendo este livro?

A sua Energia da Beleza só vai aflorar se realmente você tiver autoconhecimento. Se nem você se conhece, como pode se apresentar e se relacionar bem com os outros? É mais ou menos como um vendedor – ele só vai vender bem um produto se conhecer todas as características, propriedades e pontos fortes e fracos. Por isso toda boa empresa antes de colocar seu produto à venda, oferece treinamento aos seus vendedores para que conheçam a fundo aquilo que estão vendendo.

O propósito deste capítulo é apresentar a você... O seu melhor produto: **você**! Portanto, falaremos aqui mais sobre autoconhecimento e, ao final deste capítulo, espero que você, leitor(a), tenha compreendido a importância de "se conhecer".

Através do autoconhecimento conseguimos entender quem realmente nós somos e como nossas crenças e valores são (e foram) construídos ao longo do tempo. Além disso, o autoconhecimento dá o suporte para acessar nossa verdadeira identidade. Posso responder: "eu sou pai". Mas espere um pouco. Sou pai desde quando? Não fui pai sempre. Ser pai define quem eu sou?

Também posso responder: "sou descendente de libaneses". Então você não é libanês – seus antepassados é que são.

Vou perguntar de novo: quem é você? Essa pergunta é essencial para conseguirmos desenvolver a nossa Energia da Beleza.

## VOCÊ SABE QUEM VOCÊ É?

Parece fácil responder, mas não é.

Para definirmos quem somos primeiro precisamos entender de onde viemos, qual foi nossa criação e que cultura esteve envolvida nela.

Se eu não sei dos meus gostos, se não conheço os meus valores, se não respeito as minhas características, a minha biologia, minhas origens, o ambiente em que cresci e vivo, eu não consigo ser verdadeiro comigo mesmo – e sem o reconhecimento desses pontos, eu não tenho a melhor versão de mim. Como consequência, não consigo transmitir a minha verdadeira Energia da Beleza.

Muitas vezes acabamos vivendo no piloto automático sem perceber, o que os nossos pais, amigos ou parceiros valorizam, fazem e gostam. E essa questão é fundamental, porque tudo isso é referência no que diz respeito ao autoconhecimento – que inclui também uma percepção dos demais à nossa volta.

Vou tentar exemplificar, criando um personagem hipotético e descrevendo de onde ele veio (bairro, cidade, país) porque isso deu peso e importância na sua formação – pelo fato de ter crescido em uma cidade do interior.

Cidades localizadas no interior de São Paulo, normalmente são provincianas, são cidades que se fecham em si mesmas, onde os sobrenomes das famílias ainda têm grande importância. Já para aqueles que cresceram em São Paulo ou no Rio de Janeiro, o sobrenome não tem tanto peso no meio da multidão. A diferença de onde se vem é fundamental para definir

Para definirmos quem somos primeiro precisamos entender de onde viemos, qual foi nossa criação e que cultura esteve envolvida nela. Se eu não sei dos meus gostos, se não conheço os meus valores, se não respeito as minhas características, a minha biologia, minhas origens, o ambiente em que cresci e vivo, eu não consigo ser verdadeiro comigo mesmo – e sem o reconhecimento desses pontos, eu não tenho a melhor versão de mim. Como consequência, não consigo transmitir a minha verdadeira Energia da Beleza.

quem se é. E não estou afirmando que quem vem do interior é melhor ou pior. Estou falando de características. Não necessariamente é preciso aceitar, mas é preciso respeitar. O fato de querer sair dessa cidade pequena por compreender que esse local não poderia oferecer oportunidades para o crescimento pessoal e profissional, diz muito sobre quem essa pessoa é. Porém ter nascido, crescido e saído de lá influencia todo o restante da vida. Por aí começa o entendimento de quem se é de verdade. Lembre-se: é só um exemplo. O propósito aqui é criar um ambiente de reflexão para que você possa começar a distinguir em relação a sua própria história quem realmente você é.

Tente agora lembrar a sua trajetória e o que motivou você a chegar até aqui. Isso vai lhe ajudar.

Em segundo lugar, precisamos entender nossas origens. E aí entra o papel da família, que nos dá referências básicas de vida e valores muito fortes. Para saber e respeitar quem eu sou, preciso identificar que tenho um alicerce, formado pelas pessoas que me antecederam e a história pela qual elas passaram. Se você, por exemplo, viveu numa casa onde as pessoas passaram necessidades, vai constatar que o valor que elas dão para algumas coisas é muito maior do que uma família que não teve dificuldades.

A genética familiar também é um fator importante para a definição de quem somos. Quem vem de uma família de pessoas com tendência à obesidade, não precisa aceitar que a genética definirá a sua condição física, mas, caso queira evitar o excesso de peso, precisará se cuidar mais do que os outros.

## COMO OLHAR O SEU PASSADO

Outro ponto importante a ser considerado é o que já vivemos: as experiências na infância, adolescência e vida adulta; o aprendizado do dia a dia, as conquistas, os traumas. As vivências de cada fase de nossas vidas são fundamentais para definir o nosso **eu**. A partir daí, conseguimos reconhecer quem somos hoje, para depois projetar o que queremos para o futuro.

O passado é estático, não podemos alterá-lo, mas podemos mudar a compreensão que temos dele e das experiências que tivemos. Ao analisar hoje essas vivências anteriores nos ajuda a compreender as razões de algumas atitudes e comportamentos, tanto nossos, como de outras pessoas.

Tenho um grande amigo que é médico também, assim como seu pai. É comum médicos terem filhos médicos. Recentemente, ele me mostrou um bilhete que seu pai lhe mandou com uma sugestão de prática sobre um determinado tema dentro da medicina, escrito no seu receituário particular. O pai tomou o cuidado de riscar o "Dr." da frente do seu nome, onde passava a ideia de que ele o estava tratando com certa intimidade. Mas não o chamou de filho na mensagem. Ali ele falava de colega médico para colega médico chamando-o pelo nome. Você leitor(a), verá quantas mensagens estão implícitas na forma que esse pai escreveu o bilhete para seu filho e como isso tem a ver com seu passado e seus valores. Ele podia ter se rendido à primeira impressão e achar que o pai queria se manter distante, negando a relação pai e filho, numa atitude racional e profissional ao lhe chamar friamente pelo seu nome. Porém, uma análise mais serena o fez lembrar que esse é o jeito do seu pai se comunicar. Além disso, ele sempre separou o "filho" do "cidadão". É preciso esclarecer que esse médico mais velho, pai do meu amigo, teve problemas de comunicação, era gago na infância, sofreu críticas sua vida inteira e precisou de muito esforço para se tornar o bom comunicador que é hoje. Como ele não lida bem com críticas, desenvolveu seu jeito próprio de se comunicar, protegendo-se ao máximo e fazendo tudo com detalhe e capricho. Esse entendimento foi precioso para meu amigo. Ao ler aquele bilhete, ele conseguiu separar a preocupação de seu pai no papel de pai, que mandou o bilhete, do cidadão e profissional que escreveu o seu conteúdo. E como esse pai é receoso às críticas, um valor forte para ele, logo isso se tornou implícito para meu amigo nesse conteúdo. Esse valor foi passado durante sua criação e isso está presente no seu **eu**. O interessante de tudo isso foi ver a maturidade desse meu amigo para separar o que era dele e o que era do seu pai e dividir essa história comigo. Seguramente, você, leitor(a), também foi influenciado pela visão de mundo de seus pais. Reconhecer isso é um grande passo no seu autoconhecimento.

"Como eu cresci?"

"Como eu usei essa informação para evoluir?"

"Como eu uso isso para definir e depois compreender a minha personalidade e o meu jeito de ser?"

Todas essas perguntas você deve se fazer para responder quem você é!

É preciso compreender suas origens, quem é seu pai, quem é sua mãe, o que eles passaram na vida, que valores eles lhe transmitiram... E que não são seus, mas deles.

Não há como negar suas raízes, mas podemos mudar. Imagine sua criação como uma mochila onde você recebeu informações e as carrega de várias partes – de pai, mãe, avós, professores, amigos etc. Você não é obrigado a carregar na sua mochila tudo o que lhe foi entregue, porque a mochila é sua, mas tem que reconhecer que eles ajudaram a construir o que há dentro dela. Tire o que não quer e deixe somente o que lhe interessar. Procure as características e os valores que não são necessariamente seus, escolha o que quer carregar. Isso irá ajudar a encontrar a sua verdadeira essência.

## VALORES E CARACTERÍSTICAS

O que é valor?

Vou exemplificar para situar o conceito: a convivência e o desejo de ter a família junto de si é um valor. Há pessoas que consideram inconcebível passar o Natal e o Réveillon longe da família. É um valor familiar, arraigado e forte. Mas, ao longo do tempo, pode ser que outras pessoas queiram fazer diferente, porque não valorizam isso da mesma forma que seus pais e avós. E há famílias que não ligam para esse costume de estar sempre juntos. Cada qual faz o que melhor lhe convém nas datas festivas. Isso é outro valor: a independência.

Não há como negar suas raízes, mas podemos mudar. Imagine sua criação como uma mochila onde você recebeu informações e as carrega de várias partes – de pai, mãe, avós, professores, amigos etc. Você não é obrigado a carregar na sua mochila tudo o que lhe foi entregue, porque a mochila é sua, mas tem que reconhecer que eles ajudaram a construir o que há dentro dela. Tire o que não quer e deixe somente o que lhe interessar. Procure as características e os valores que não são necessariamente seus, escolha o que quer carregar. Isso irá ajudar a encontrar a sua verdadeira essência.

No processo de autoconhecimento, é preciso ter alguns valores definidos e respeitados e ter consciência do que lhe foi passado e do que é seu de verdade. E, ao longo dos anos, alguns valores pessoais podem ser modificados, porque a condição humana é dinâmica. É o livre-arbítrio na construção do seu eu. Mas para isso é preciso conhecê-los a fundo.

Portanto, as nossas origens nos influenciaram a adotar certos valores. No capítulo 2, eu explico o motivo pelo qual dou tanta importância para a Beleza, pois é algo que faz parte da minha família e da minha história, que herdei dos meus pais e que para mim fez sentido não só manter como também me aprofundar no assunto.

Quando alguém identifica e aceita um valor pessoal é possível criar outros valores a partir do que viveu: seja na escola, nas relações pessoais, no trabalho, a partir das suas experiências, derrotas e vitórias. A competição, por exemplo, é um valor para quem já foi ou é atleta. Independente se seus pais, irmãos ou parentes praticavam algum tipo de esporte, a competição é algo que você foi construindo ao longo de suas experiências pessoais, logo isso se torna um novo valor.

E o que é característica?

Já a característica é algo que a pessoa faz a partir do valor. Por exemplo, uma pessoa "competitiva" é alguém que normalmente possui as características de dinamismo, determinação e proatividade. Uma pessoa que tem a "família" como valor é geralmente mais caseira e gosta de estar perto e dividir momentos com os familiares. O valor é algo que determina suas competências e seu comportamento.

Quando conheço meus valores, começo a definir melhor quem eu sou e como isso influencia as minhas características.

## O PAPEL DO AUTOCONHECIMENTO NAS MUDANÇAS E ESCOLHAS

Uma cliente me contou que o marido não fazia questão de jantar junto com ela e os filhos. Porém, como esse era um valor importante para ela, então, conversou com o marido e entraram em acordo de se reunirem para jantar pelo menos três vezes por semana. Esse acordo foi significativo para o relacionamento deles, para fundir seus valores e chegar a um equilíbrio. Por outro lado, conheço uma pessoa cujo avô era médico sanitarista e epidemiologista – e a família inteira tem a higiene como um valor muito forte, e quando essa pessoa se relaciona com outras que não tem a higiene como valor absoluto, o relacionamento não vai bem.

Definir seus valores e entender até onde você pode ceder é imprescindível para determinar suas características e como você se relaciona com as pessoas.

Em uma família, onde o sarcasmo é uma característica comum, o comportamento sarcástico naquele ambiente é bem tolerado. Se um membro dessa família, às vezes, se pega agindo dessa maneira, trata-se de um hábito comum para ele, baseado nesse valor. Contudo, essa é uma característica herdada da qual necessariamente não precisa gostar. A partir daí, começa a se policiar para não mais agir assim, porque nem todos entendem o sarcasmo como algo positivo (levando em conta que para essa pessoa é importante causar bem-estar nos outros). Então, decide mudar isso, mas não é uma obrigação, é uma opção. Se ele insistir em manter essa característica familiar vai colher os frutos disso. É uma escolha.

Por exemplo, se uma pessoa quer muito ser magra, mas ao mesmo tempo adora comer, como faz as duas coisas conviverem? Na sua atual fase de vida, qual é a prioridade? Viver saudável? Então a decisão é sacrificar um pouco a comida para ter um corpo com menos gordura. Pronto: houve um acordo e chegou-se a harmonia. Considerou-se os dois valores importantes, comer e ser magro, elegeu-se, conforme seu momento, a prioridade e decidiu-se o que fazer. Nada impede que no futuro algo possa caminhar diferente, mas a escolha presente é essa.

Mas e quando há conflito?

Quando você não põe as duas coisas em contato, quando pesa os prós e contras de cada uma dessas duas coisas. e não consegue sintonizar. O que houve de fato, é que faltou autoconhecimento. Você não parou para pensar em tudo. Mas, de fato, a indefinição também é uma escolha e você vai enfrentar as consequências de não ter criado essa harmonia. Se escolher comer tudo o que lhe dá vontade, tem que saber que vai comprometer a saúde. Mas, se estiver feliz com essa escolha, os outros precisam respeitar. O inverso é verdadeiro, ou seja, se alguém do seu círculo fez a opção consciente de viver assim, obeso, no entanto feliz, respeite.

Se você se conhece, você consegue pagar o preço que a

sua escolha cobra. A vida é causa e consequência. E é para isso que serve o autoconhecimento: para você se ater as consequências das suas atitudes e desconstruir ou manter valores que herdou e criar valores se assim desejar.

Renunciar a uma preferência para aproveitar outra pode causar uma frustração. Sim, pode. Mas, se você se conhece, vai saber lidar com esse sentimento. Para exemplificar, mais uma vez, vou usar um colega cirurgião plástico. Ele tem espírito aventureiro e adora a adrenalina que esportes mais radicais lhe causam. Mas também tem consciência que não deve se arriscar a sofrer um acidente que possa afetar uma das suas mãos. Então, ele deixou de mergulhar, lutar ou escalar e passou a se contentar com esportes menos arriscados como musculação e natação. Isso lhe causa frustração? Sim, obviamente, mas ele dá conta dela, porque a sua felicidade de ser cirurgião plástico fala mais alto do que ser aventureiro.

Portanto, vou repetir: é muito importante entender de onde viemos, nossas origens familiares e o impacto de nossas escolhas para o presente e o futuro.

## COMO ADQUIRIR AUTOCONHECIMENTO

O processo de autoconhecimento requer investirmos tempo para refletir sobre nossos valores e características e o que queremos ou não para nossa vida. Práticas como estudar, ler, formular e responder perguntas, terapia, ter mentores, meditação e atividade física são ótimos caminhos para nos ajudar nessa jornada de autoconhecimento. De certa forma, ao ler este livro, você está dando um grande passo no seu autoconhecimento.

Todas essas atitudes descritas acima nos ajudam a trazer os nossos valores para a consciência. A partir daí, fica mais fácil abandonarmos alguns valores ou manter outros.

Para terminarmos este capítulo, peço agora que você pare a leitura, pense e responda por escrito as perguntas abaixo. Faça esse exercício com calma, leia e releia quantas vezes for necessário, refaça-o depois de um dia, de uma semana, de um mês, repita novamente se achar necessário.

**Perguntas sobre você:** O que agrada e desagrada em você? O que o deixa muito feliz e realizado? O que o tira do sério? E triste? O que o alegra? Como as pessoas muito próximas enxergam você? Segundo elas, quais são suas qualidades e pontos fortes? Quais são suas fraquezas e oportunidades de aprendizado? O que o torna especial e único em relação aos outros? O que o faz ser respeitado e valorizado pelos familiares e amigos? O que deseja mudar em si? Quais habilidades e competências você quer desenvolver? Se hoje fosse o seu último dia de vida, como gostaria de ser lembrado pelos outros?

**Perguntas sobre sua família:** Quais são os principais valores da sua família? Com quais desses valores você concorda e discorda? Quais são as características físicas e psicológicas marcantes deles? Quais são os comportamentos típicos da sua família que você admira? Quais comportamentos desaprova? Quais valores familiares, fortemente arraigados em seu eu que você deseja abandonar? O que você precisa fazer para se desapegar desses valores?

Gosto muito desse exercício, pois, ao refletir e responder essas perguntas, você dará os primeiros passos para se conhecer melhor. E depois de respondê-las, quero saber:

Quem é você?

No próximo capítulo, falarei de três tipos de beleza.

**ASSISTA PARA SEMPRE LEMBRAR**

## Quem é você? Você sabe?

https://www.youtube.com/watch?v=4cnKGMEDyI8

## Estado atual x Estado desejado

https://www.youtube.com/watch?v=QVtqWdtl6Ec

# 6.

# QUAL BELEZA VOCÊ DESEJA?

No capítulo anterior discutimos "**quem é você?**" Agora que já sabe essa resposta, podemos progredir no conceito de que beleza você quer ter. (Se ainda não tem convicção, volte para o capítulo anterior até ter esta certeza, mesmo que esse seja o **você de hoje** e amanhã você mude, é muito importante você saber quem você é hoje!)

Como disse anteriormente e repetirei diversas vezes ainda, beleza é uma energia sentida pelo outro, por isso quando pergunto que beleza você quer ter, me refiro que tipo de energia você quer passar e de que maneira você quer impactar o próximo positivamente.

Existe uma **Beleza Física**, ela tem a ver com seu corpo, sua imagem, suas vestimentas. Ser bonito(a) fisicamente significa emanar uma energia visual que ao ser percebida pelo próximo, causa bem-estar. Talvez essa seja a mais fácil de explicar.

Sabe aquela foto de uma pessoa bonita, que quando olhamos, nos causa uma boa impressão? Essa é a beleza física! O mais comum é pensarmos que esse tipo de beleza ou você nasce com ela ou é melhor esquecer. E isso é uma bobagem sem tamanho. Sabe por quê? Porque independentemente de como está seu corpo hoje ou da sua genética, você pode construir sua beleza física. Mas, como? A moda, a cirurgia plástica, a dermatologia, a cosmiatria, a atividade física, o universo das maquiagens, todos esses recursos são válidos na hora de cuidarmos e melhorarmos nossa aparência.

Sabe aquela foto de uma pessoa bonita, que quando olhamos, nos causa uma boa impressão? Essa é a beleza física! O mais comum é pensarmos que esse tipo de beleza ou você nasce com ela ou é melhor esquecer. E isso é uma bobagem sem tamanho. Sabe por quê? Porque independentemente de como está seu corpo hoje ou da sua genética, você pode construir sua beleza física. Mas, como? A moda, a cirurgia plástica, a dermatologia, a cosmiatria, a atividade física, o universo das maquiagens, todos esses recursos são válidos na hora de cuidarmos e melhorarmos nossa aparência.

Se você se conhece, respeita sua biologia, usa todos os recursos necessários e tem a clareza de que a beleza física é a que quer valorizar, basta você integrar-se e colocar tudo isso em prática. Tenho certeza que usando o recurso certo, você vai alcançar o objetivo desejado. Para mim, de todas as belezas, essa é a mais fácil de conquistar.

Existe a **Beleza Intelectual:** ela tem a ver com o nível cultural, com o desenvolvimento emocional e principalmente com seu grau de formação.

Vou citar dois exemplos de filósofos contemporâneos que não são modelos de beleza física, mas intelectualmente são lindos que chegam a emocionar.

Um é o Prof. Cortella: que delícia é ler seus livros, que bem-estar causa ouvir suas palestras, assistir seus vídeos, suas entrevistas. Seu jeito de falar, nos cativa e ele consegue transmitir conteúdos riquíssimos e profundos de maneira interessante e acessível, que chega a emocionar só de pensar. Um excelente exemplo de beleza intelectual.

Outro exemplo belíssimo, é o Prof. Karnal: a forma simples e direta como ele discute filosofia, seus recursos intelectuais e como ele contextualiza seus argumentos é de uma beleza ímpar.

Perceba que nesses dois casos citados o bem-estar causado pela energia deles nada tem a ver com sua aparência, nem com seu físico. A beleza desses dois gênios da atualidade está no intelecto. Como eles conseguem a sua própria maneira, nos convidar à reflexão e melhorar nossa existência. Causar bem-estar ao próximo é o máximo da definição de Energia da Beleza.

Vou citar dois exemplos de filósofos contemporâneos que não são modelos de beleza física, mas intelectualmente são lindos que chegam a emocionar. Um é o Prof. Cortella: que delícia é ler seus livros, que bem-estar causa ouvir suas palestras, assistir seus vídeos, suas entrevistas. Seu jeito de falar, nos cativa e ele consegue transmitir conteúdos riquíssimos e profundos de maneira interessante e acessível, que chega a emocionar só de pensar. Um excelente exemplo de beleza intelectual. Outro exemplo belíssimo, é o Prof. Karnal: a forma simples e direta como ele discute filosofia, seus recursos intelectuais e como ele contextualiza seus argumentos é de uma beleza ímpar.

Poderia citar aqui diversas outras personagens como Frida Kahlo que, através de seu talento como pintora, revolucionou o feminismo e de maneira intelectual impactou a humanidade com seu talento.

Se para você é a beleza intelectual que importa, desenvolva-se: estude, leia, cresça mentalmente, faça cursos e terapia – todos são fundamentais para esse desenvolvimento. Certamente você poderá impactar a vida de diversas pessoas, basta você estar pronto(a) para isso. Esse impacto é um tipo de Energia da Beleza.

Existe também a **Beleza Social:** a beleza de impactar um ambiente à sua volta. Vou dar como exemplo o apresentador de TV Silvio Santos. Com mais de 60 anos na frente das câmeras, ele tem sido o responsável por entreter a vida de milhões de brasileiros. Ele consegue com sua alegria e irreverência mudar a vida daqueles que o assistem e assim causar bem-estar – que a isso podemos chamar de uma beleza social.

Ok, mas convenhamos que se tornar um apresentador de televisão não é para qualquer um. Mas, se para você a beleza social é importante, você pode impactar a vida das pessoas entretendo, alegrando, sendo positivo, sendo aquele amigo que levanta a moral quando mais precisamos. Todos nós conhecemos aquela pessoa que está sempre de bom astral, que traz sempre uma palavra de conforto, que nos ajuda a tolerar as dificuldades do dia a dia. De novo – proporcionar bem-estar ao próximo é beleza, é a mais pura Energia da Beleza.

Para deixar mais claro vou dar outros dois exemplos muito interessantes de beleza social: são os humoristas de *Stand Up Comedy* e o programa de TV *Os Trapalhões*, muito famoso na década dos anos 80.

Ambos têm o humor como forma de expressão. E esse humor encanta tanto e causa tanto bem-estar que podemos afirmar que são lindos. Se você tem entre 40 e 50 anos, vai lembrar-se da família brasileira aguardando o domingo à tarde para ver o programa de televisão mais querido da época. O grupo que formava *Os Trapalhões*, fisicamente não contavam com nenhum atributo de beleza, intelectualmente menos ainda. Eles faziam piadas simples e de fácil compreensão e causavam um bem-estar social gigantesco. Chego a dizer que paravam o país com seu humor e irreverência.

Assim como os *shows* de comédia atuais, seus protagonistas normalmente não se importam muito com a aparência. Suas piadas, apesar de inteligentes, não exigem elevado nível intelectual para sua compreensão, mas ainda assim lotam bares e teatros com milhares de pessoas em busca de entretenimento e diversão, isso é beleza social pura!

Então quer dizer que a beleza social é só a ligada ao humor? Também é, mas não somente. A beleza social tem a ver com entreter o próximo, porém está relacionada também à empatia, simpatia e compreensão. Se isso for importante para você, se essa é a beleza que você quer desenvolver, se matricule num curso de teatro, de oratória, de programação neurolinguística, desenvolva dentro de você os recursos necessários para se relacionar melhor com o próximo. Assim, socialmente você se tornará belo.

Então quer dizer que a beleza social é só a ligada ao humor? Também é, mas não somente. A beleza social tem a ver com entreter o próximo, porém está relacionada também à empatia, simpatia e compreensão. Se isso for importante para você, se essa é a beleza que você quer desenvolver, se matricule num curso de teatro, de oratória, de programação neurolinguística, desenvolva dentro de você os recursos necessários para se relacionar melhor com o próximo. Assim, socialmente você se tornará belo.

Perceba que um tipo de beleza independe do outro. Você pode ter as três ou as duas, ou ainda uma só. O importante no universo da beleza é você ter clareza do tipo de beleza que você quer ter. Com isso definido é muito mais fácil você ser "belo(a)".

No próximo capítulo, vou falar sobre o *Always Beta*, um caminho para você manter a sua Energia da Beleza em constante aperfeiçoamento.

# 7. SUA BELEZA *ALWAYS BETA*

Agora que você respondeu às perguntas do capítulo **O quanto você se conhece?**, já trabalhou seu autoconhecimento, conhece suas crenças e seus valores, tem a clareza de que tipo de beleza é importante para você e qual quer ter, vamos pôr em prática como estar em constante evolução e aprimorar nossa Energia da Beleza a partir de um conceito do mundo da tecnologia.

Quero trazer para discussão um tema que acho muito bacana. Você já ouviu falar sobre o *Always Beta*? Quem conhece tecnologia sabe que uma versão *Beta* de um produto é uma versão em aprimoramento, é a versão em teste, inacabada. No mundo digital, a expressão *Always Beta* é muito utilizada. Por exemplo, o iPhone é *Always Beta* – todo ano a Apple lança um novo, sempre com melhorias baseadas no *feedback* dos consumidores, dos seus desenvolvedores e no aproveitamento de novos recursos e materiais. O *Always Beta* funciona basicamente como um tripé: você desenvolve, põe em prática e avalia.

Ele é um ciclo contínuo dessas três fases para buscarmos a melhoria contínua. Por exemplo, uma empresa desenvolve uma televisão. Ela coloca o produto no mercado, avalia a reação dos usuários e percebe que estão faltando algumas funcionalidades ou que poderia ter agregado novas tecnologias que acabaram de surgir. A companhia volta com a televisão para o laboratório e desenvolve uma nova versão com essas melhorias. Leva a nova versão para o mercado e avalia a resposta dos usuários. Esse processo pode não ter data para acabar, uma vez que sempre haverá evolução de produtos e das necessidades do consumidor.

## O *ALWAYS BETA* E A BELEZA

Você pode querer me perguntar o que *Always Beta* tem a ver com a beleza. E eu posso responder da seguinte forma: Imagine-se como um produto dinâmico, que está sujeito a avaliações periódicas e que necessita de contínuas reformulações para transmitir a sua Energia da Beleza e encantar o próximo, causando, assim, bem-estar nele e obtendo o reconhecimento de sua beleza e seus consequentes benefícios.

E se aplicássemos o conceito *Always Beta* no nosso dia a dia, com o nosso cuidado pessoal, psicológico e autoconhecimento?

Pense comigo. Você faz uma lipoaspiração (desenvolvimento). Vivencia a experiência do pós-cirurgia, aproveitando os benefícios de ter uma barriga chapada (põe em prática).

Olha-se no espelho e considera que com um peito maior suas roupas ficariam mais bonitas e seu corpo ficaria mais harmônico. Logo percebe que deveria ter colocado prótese de mama também, por exemplo (avaliação). Volta ao cirurgião e implanta a prótese (novo desenvolvimento). Põe em prática e avalia. Então, dá continuidade ao processo de cuidar de si: após a barriga chapada e seios novos, seu foco passa a ser agora mudar o cabelo. Vai ao cabeleireiro, corta o cabelo e avalia. Gostou ou poderia ter deixado mais curto e mais loiro? E assim você constrói esse ciclo positivo, sem menosprezar a sua versão anterior. Esse é o ponto fundamental do *Always Beta*: se desenvolver a partir do que você é, valorizando e aprimorando seu conteúdo, sua essência! "Já estou com o corpo do jeito que eu queria? O que mais posso melhorar?". Pode optar agora por querer trabalhar o seu lado psicológico, fortalecer suas relações, melhorar sua comunicação ou desenvolver suas habilidades emocionais. Escolhe também fazer cursos, se preparando para ser uma pessoa melhor na vida pessoal e no trabalho.

A razão de seguir esse processo é simples: uma pessoa fica muito mais bonita quando está bem consigo mesma em todos os aspectos de sua vida; e quando assimila que sempre pode melhorar, respeitando e valorizando o que tem. Porém, entendendo que o dinamismo da vida exige uma constante busca de aperfeiçoamento pessoal.

A razão de seguir esse processo é simples: uma pessoa fica muito mais bonita quando está bem consigo mesma em todos os aspectos de sua vida; e quando assimila que sempre pode melhorar, respeitando e valorizando o que tem. Porém, entendendo que o dinamismo da vida exige uma constante busca de aperfeiçoamento pessoal.

## EVOLUIR SEMPRE

Conheci esse conceito numa palestra sobre empreendedorismo, e tive um *insight* na hora. Por que não aplicar o *Always Beta* para nossa beleza? Podemos ser a nossa própria versão *Always Beta*, sempre lembrando que não se deve menosprezar a versão anterior, apenas melhorá-la. Gosto de reforçar isso, pois é o alicerce de todo processo. Parece cansativo, mas seguiremos repetindo: valorize **quem você é** e **o que você tem**. Não condene e destrua aquilo que você já foi e fez, mas evolua a partir das suas experiências e da sua base.

Ao conseguir compreender que se pode sempre melhorar a partir do que você é, está se respeitando. Enquanto não nos respeitarmos 100%, nada do que fizermos terá resultado positivo. Se você se respeita, se desenvolve, põe em prática e avalia os resultados terá como mensurar o quanto de positividade isso trará para sua vida.

Quem adota o *Always Beta* como princípio, estará sempre evoluindo e melhorando sua qualidade de vida? Sim, e por consequência, beneficiará seu dia a dia, causará bem-estar a si mesmo e aos outros. Isso fortalece a Energia da Beleza.

## MESMO NOS MOMENTOS DIFÍCEIS

Mas como usar o conceito do *Always Beta* se eu estiver numa fase difícil da minha vida?

Precisamos aceitar que todos nós teremos altos e baixos em nossa vida. Isso é fato. A tristeza naturalmente abala nossa autoestima. As dificuldades também mexem com ela e esses desafios não podem ser menosprezados. Você deve aceitar que são circunstanciais e que em algum momento irá superá-los, pois houve uma decisão de agir para modificar o estado das coisas.

Dentro da proposta do *Always Beta*, primeiro identifico o problema, suas causas e avalio o que de ruim essa adversidade está me trazendo. Em seguida, desenvolvo um plano para solucionar. Por fim, coloco-me em ação para fazer acontecer as mudanças que planejei na etapa anterior. A seguir mais exemplos.

Uma pessoa dependente do álcool percebeu que sua saúde física e o relacionamento com seus familiares estão piorando rapidamente. Ela aceita que está doente e entende que precisa se ajudar para resgatar seu bem-estar. Pensa e planeja as seguintes ações: conversar com os familiares para pedir o apoio deles e deixar claro que deseja muito se cuidar e tomar as medidas necessárias; procurar e frequentar semanalmente o grupo de Alcoólicos Anônimos mais próximo de onde mora; jogar fora todas as bebidas disponíveis em casa e não comprar mais nenhuma garrafa; marcar e fazer um *check-up* geral com o médico; e evitar, pelo menos nos próximos meses, encontros, lugares e situações sociais com alta probabilidade de incentivo à bebida. Traçado o plano, a pessoa começa a colocar em prática essas ações planejadas e, ao longo do tempo, vai repetindo o ciclo, monitorando os avanços e as recaídas, avaliando as necessidades de melhorias, desenvolvendo novas estratégias e fazendo as coisas acontecerem.

Dentro da proposta do Always Beta, primeiro identifico o problema, suas causas e avalio o que de ruim essa adversidade está me trazendo. Em seguida, desenvolvo um plano para solucionar. Por fim, coloco-me em ação para fazer acontecer as mudanças que planejei na etapa anterior.

Outro exemplo. Alguém foi demitido de seu trabalho e está arrasado. Passado o luto, busca entender as razões de sua demissão. Em seguida, concluí que lhe faltaram determinadas habilidades para produzir melhores resultados, como manter-se atualizado e competitivo no mercado. Decide fazer um curso de alguns meses de duração para desenvolver novas aptidões, em seguida, pesquisa várias instituições de ensino e realiza sua matrícula naquela que achou mais adequada. Tendo começado o curso, essa pessoa renova o ciclo do *Always Beta* avaliando o quanto já aprendeu das novas habilidades; monta um plano que consiste em atualizar seu currículo. Depois cria uma lista de empresas nas quais gostaria de trabalhar e ativa sua rede de relacionamentos para potenciais indicações e, por fim, as contata para descobrir oportunidades e participar de processos seletivos.

Se for um caso de sofrimento emocional, originado de uma separação ou falecimento, a primeira providência é a pessoa compreender que não está legal e precisa de ajuda. Em seguida, elabora mentalmente qual é o caminho mais adequado; se é recorrer a um psicólogo para fazer terapia ou marcar uma consulta com um psiquiatra. Decide ir ao psiquiatra, passa em consulta e começa a tomar um antidepressivo receitado por ele, recebendo também a sua recomendação de fazer terapia.

Pelos exemplos acima, vemos que o *Always Beta* é uma proposta poderosa para lidarmos também com as nossas dificuldades, desde que estejamos genuinamente convictos de que a responsabilidade e iniciativa para a resolução de nossos problemas e mudanças que queremos, cabe a nós mesmos. Até podemos e devemos contar com a ajuda de outras pessoas, mas só se estivermos no comando. Hoje em dia, o que não faltam são recursos, pessoas e tecnologias para nos tirar mais rapidamente das crises, mas os resultados só acontecem quando estamos 100% comprometidos com a nossa melhora.

## *FEEDBACKS* E ABERTURA ÀS MUDANÇAS

O fundamental nesse processo, é estar aberto ao *feedback*, pois são eles os responsáveis pela parte da pirâmide de **avaliação** do *Always Beta*. Essa avaliação pode vir de várias formas. Pode ser uma autocrítica, como no exemplo nas páginas anteriores deste livro, de se ver no espelho e achar que uma prótese de mama melhoraria seu corpo. Pode vir de entes queridos, esposa, marido, pai, filhos, amigos, não importa de onde você tira a avaliação para melhorar. O importante é você ter dentro de si o conceito *Always Beta*, buscando sempre se aprimorar. Um comentário da esposa alertando o marido que ele engordou bastante nos últimos meses pode magoá-lo, baixar sua autoestima e fazê-lo sentir-se feio e decepcionado consigo num primeiro momento. Passado o calor da emoção, se o marido parar e pensar, lembrando que sua esposa o ama muito, ele entenderá que ela quer o seu bem. Ao considerar a observação da esposa e ver o quanto ela contribui para seu bem-estar, o marido teve o *click* e o incentivo que faltavam para começar a cuidar de sua saúde, agendando uma consulta com um nutricionista para rever hábitos alimentares e contratando um *personal trainer* para fazer atividade física três vezes por semana.

Se a crítica é construtiva e você a considera interessante, volte e faça uma versão melhor de si.

Nesse exemplo, o marido fez a sua autocrítica a partir do *feedback* da esposa, pensou como agir para mudar a situação desfavorável e iniciou seu processo de mudança. Essa é a importância do *feedback*, que pode vir da esposa, do chefe, do ambiente. O que importa é estar aberto para as críticas construtivas, entender que podem ser uma ferramenta essencial de desenvolvimento pessoal.

No âmbito corporativo, hoje existem técnicas como a avaliação 360 graus, em que todo mundo avalia todo mundo – e é uma coisa muito boa. Há algumas décadas, nenhum chefe aceitaria sugestões e críticas dos seus subordinados (a versão *Always Beta* não existia nessa época).

Uma pessoa com bom nível de autoconhecimento vai aceitar as críticas que considerar construtivas e ignorar aquelas com as quais não concorda. Esse é outro ponto importante. Ao receber uma crítica, mas ela não está de acordo com seu gosto nem com sua vontade ou o caminho que quer seguir, agradeça e desconsidere. Você não é obrigado a agradar a todos. Faz parte do *Always Beta*, melhorar apenas o que você considera interessante, porém, se recebe uma mesma crítica de mais de uma pessoa e isso vem se repetindo constantemente, avalie se não seria interessante rever seus conceitos sobre o que está sendo ou fazendo. Igual acontece com empresas.

Uma pessoa com bom nível de autoconhecimento vai aceitar as críticas que considerar construtivas e ignorar aquelas com as quais não concorda. Esse é outro ponto importante. Ao receber uma crítica, mas ela não está de acordo com seu gosto nem com sua vontade ou o caminho que quer seguir, agradeça e desconsidere. Você não é obrigado a agradar a todos. Faz parte do Always Beta, melhorar apenas o que você considera interessante, porém, se recebe uma mesma crítica de mais de uma pessoa e isso vem se repetindo constantemente, avalie se não seria interessante rever seus conceitos sobre o que está sendo ou fazendo. Igual acontece com empresas

Corporações sérias têm na sua cultura, uma abertura e até um incentivo ao erro e à inovação – por exemplo com a implantação das figuras do *ombudsman* e ouvidoria. A inovação não acontece se houver o medo de errar. E acho que essa evolução tem sido mais intensa nas novas gerações – que ao mesmo tempo em que criticam mais, são mais abertas a receber *feedbacks*. O que não acontecia na geração que veio antes da minha, por exemplo, que pouco tolerava receber críticas.

O difícil da crítica é quando é levada para o lado pessoal. Se você entende que eu o estou criticando porque quero o seu bem e que não tem nada a ver com o pessoal, conseguirá evoluir. É uma questão cultural do brasileiro que precisamos modificar, de que críticas são destrutivas. Nós temos a mania de misturar o profissional com o pessoal, e por isso temos dificuldade de receber *feedbacks*.

Se o marido disser que o vestido da mulher está horrível, a tendência dela é entender que ela está horrível, e não o vestido. Mas, se ela conseguir escutar verdadeiramente o que está sendo dito, compreenderá melhor. Se eu vou até uma empresa para reclamar de um produto que veio com defeito, estou me referindo àquele produto específico, e não desmerecendo a empresa inteira; se for séria ela vai acolher a minha queixa, verificar o que pode ser melhorado e me entregar um produto aprimorado para que eu use. Isso é *Always Beta* da melhor espécie.

Gostaria de frisar que o *Always Beta* visa melhorar a si próprio e que através dessa melhora, elevar a qualidade de sua relação com as outras pessoas.

Vamos tratar, no próximo capítulo, de como se conectar com nossa beleza interior.

**ASSISTA PARA SEMPRE LEMBRAR**

## *Always BETA* e o cuidado pessoal

https://www.youtube.com/watch?v=KuPknQoKUcY

# 8. COMO SE CONECTAR COM SUA BELEZA INTERIOR

Já falamos mais de uma vez e, como você percebeu, gosto de repetir as coisas que acho realmente importantes. Assim conseguimos gravar melhor: é impossível separar beleza interior da beleza exterior, porque somos seres únicos e indivisíveis. Por uma questão didática apenas, teremos um capítulo mais focado no nosso interior e outro na nossa aparência puramente, para que você, leitor(a), entenda de maneira mais fácil e consiga evoluir de maneira prática nesse universo da Energia da Beleza.

Mas antes de falarmos sobre beleza interior e exterior, quero mostrar um pouco mais como esses termos se fundem com a outra divisão de beleza que fizemos no capítulo 6: Beleza física, Beleza intelectual e Beleza social.

Nessas três formas de beleza, você encontra componentes externos e internos, "embalagem" e conteúdo. Repito que o ser humano é indivisível e usamos essas classificações ou divisões apenas para facilitar seu entendimento.

Por exemplo: um professor, que deseja ser reconhecido por sua beleza intelectual, também deve se preocupar com sua aparência, suas vestimentas. É importante ele se conectar, de forma mais completa possível, com aqueles que vão receber todo o seu potencial intelectual. Por isso, ele também deve se preocupar com outras dimensões da beleza.

Vejamos mais um exemplo: uma modelo. Ela vive de sua aparência e precisa aprimorar sua postura, sua educação, seu conhecimento social e ambiental. Se não for assim, certamente ela não conseguirá evoluir profissionalmente.

Ou seja, você atingirá o sucesso quando entender e colocar em prática a beleza de maneira ampla em sua vida.

Agora que isso está claro, podemos avançar.

**Beleza interior** é tudo aquilo de positivo que temos dentro de nós, externamos, e compartilhamos com o próximo. Se você voltar alguns capítulos, entenderá por que discutimos tanto **quem sou eu**, onde aponto sobre quais são nossos valores, nossas crenças, nossa criação. E é disso tudo que depende nosso conteúdo interno e é a partir daí que surge nossa beleza interior. A melhor maneira de nos desenvolvermos e nos conectarmos com ela, é através de um ciclo virtuoso. Que ciclo é esse?

- Primeiro, eu preciso me autoconhecer para me tornar consciente dos meus valores.
- Segundo, é importante que eu respeite esses valores.
- Terceiro, eu preciso querer viver meus valores no dia a dia.
- Quarto, coloco os valores em prática através de hábitos positivos e consistentes.

Por fim, a prática desses hábitos faz com que eu acredite e esteja seguro das minhas capacidades e beleza.

Assim funciona o ciclo para a conexão com a sua beleza interior.

autoconhecimento
consciência dos seus valores
respeitar seus valores
querer viver seus valores
prática de hábitos positivos e consistentes
confiança nas suas capacidades e beleza
CICLO VIRTUOSO DA BELEZA INTERIOR

Pessoas que praticam esse ciclo de forma natural, são os fenômenos da Internet chamados *influencers*. Não serei específico porque acredito que, no fundo, todos eles têm a mesma característica de seguir esse ciclo virtuoso que citei acima.

Por que comento que eles se conectam com a sua beleza interior e isso gera o impacto positivo e uma revolução no mercado publicitário? Porque essas pessoas sabem quem são, conhecem seus valores e crenças, e põe em prática sua essência de serem autênticos, respeitando seus gostos, seus princípios e suas vontades. Daí vem todo seu poder de influenciar as pessoas. Para edificar a beleza interior, precisamos trabalhar o autoconhecimento, entender o nosso papel no mundo e o impacto que causamos.

As pessoas mentalmente fortes e belas sabem quem são, respeitam o ambiente e o próximo. E pelo respeito próprio conseguem estabelecer o equilíbrio entre elas e as outras pessoas. Por meio desse equilíbrio, conseguem construir a beleza.

## AUTOCONFIANÇA E AUTOESTIMA

Em geral, as pessoas belas são seguras de si. Elas têm como característica a autoconfiança, que deriva do autoconhecimento. Porém, essas mesmas pessoas podem viver oscilações em sua autoestima, que é outra coisa, porque depende do momento e é circunstancial.

Autoestima tem a ver com um resultado, alcançado ou não. A autoconfiança, no entanto, se relaciona com características pessoais, com segurança. O autoconfiante conhece as suas características e sabe do que é capaz; e a partir disso vai buscá-la. Estima é cuidado e zelo. Aquele que se conhece, que tem aptidão e faz bem-feito, possivelmente conquistará um ótimo resultado e verá a sua autoestima elevada. Porém, ela nunca será 100% alta o tempo todo, porque, se tento mantê-la elevada sempre, estarei desconsiderando os momentos desagradáveis que acontecem frequentemente em nossas vidas.

Posso bater o carro, dar uma topada na perna da cadeira, ficar sem bateria e não conseguir fazer uma ligação importante, o trânsito me fez chegar atrasado a um compromisso, posso passar uma noite mal dormida... E não há como sustentar a autoestima elevada num momento de frustração, de perda ou de irritação. Em outras palavras, por "*n*" motivos pode ser que o que você esteja vivendo não seja positivo. Mas, quando existe autoconfiança, consegue sair mais rapidamente da autoestima baixa. Entenderá que ficar por algum tempo sem o celular não é o fim do mundo, que bater o pé na cadeira não causou um mal tão grande, apenas uma dor passageira. Seguirá em frente porque a cabeça está boa, você se conhece e sai mais facilmente de uma situação desconfortável.

Posso sair da minha rotina de alimentação saudável e abusar nas férias, por exemplo. Já que o físico condicionado e a boa saúde são valores que prezo, sei que depois voltarei a treinar e retomar a dieta.

Em geral, as pessoas belas são seguras de si. Elas têm como característica a autoconfiança, que deriva do autoconhecimento. Porém, essas mesmas pessoas podem viver oscilações em sua autoestima, que é outra coisa, porque depende do momento e é circunstancial. Autoestima tem a ver com um resultado, alcançado ou não. A autoconfiança, no entanto, se relaciona com características pessoais, com segurança. O autoconfiante conhece as suas características e sabe do que é capaz; e a partir disso vai buscá-la. Estima é cuidado e zelo. Aquele que se conhece, que tem aptidão e faz bem-feito, possivelmente conquistará um ótimo resultado e verá a sua autoestima elevada. Porém, ela nunca será 100% alta o tempo todo, porque, se tento mantê-la elevada sempre, estarei desconsiderando os momentos desagradáveis que acontecem frequentemente em nossas vidas.

Então, não deixo que uma escapada assim estrague a minha autoestima e saio rápido da situação de baixa.

Conversaremos mais sobre autoestima e a sua relação com a Energia da Beleza no capítulo oito.

## OS HÁBITOS DAS PESSOAS MENTALMENTE FORTES E BELAS

O que as pessoas mentalmente fortes e belas têm em comum? Por que elas se distinguem da massa? O que faz com que elas, na maioria das vezes, tenham uma presença marcante nos diversos ambientes em que frequentam? Como conseguem manter a Energia da Beleza tão alta?

Poderia citar diversos exemplos, mas quero que você leitor(a), pense em uma pessoa que você ache mentalmente forte e bonita.

Pode ser um parente, um famoso, um atleta, não importa, quero apenas que você mentalize alguém que você admira por ter essas características.

Vou pontuar alguns itens para que possa fazer um paralelo com essa pessoa, assim entenderá como todas elas têm algo em comum.

Pessoas bonitas se conhecem internamente, conhecem suas virtudes e exploram ao máximo isso.

Pessoas mentalmente fortes estão mais preocupadas em fazer o certo, em conduzir suas vidas de acordo com seus valores e com aquilo que acreditam. Basicamente, estão preocupadas em serem coerentes com as suas crenças e, assim, seguem seu caminho.

Outra característica delas (e isso é fundamental) é que respeitam o próximo e o ambiente, o que, na PNL, chamamos de ser ecologicamente respeitoso. Vamos discutir a ecologia da beleza em outro capítulo.

Gosto muito de um conceito da PNL que se chama modelar. Modelar é usar o outro como modelo. Não é imitar, é usar o exemplo do outro, entender o que ele faz e que lhe inspira admiração e modelá-lo. Ou seja, fazer semelhante, porém do seu jeito – que se encaixe com os seus valores, com a sua essência.

Por isso não citei nenhum exemplo, quero que você, leitor(a), modele alguém que você ache mentalmente forte e bonito. Faça esse exercício, de preferência no papel. Quais características essa pessoa tem? Como você pode encaixar essas características no seu eu? Depois é só colocar em prática e curtir os benefícios.

## A MEDICINA COMO RECURSO

É possível se reconectar com a sua beleza interior por meio da medicina. Diversas especialidades podem ajudar nesse processo, mas vou me ater à cirurgia plástica, que é a minha área. Ela transforma algo na aparência da pessoa que está buscando uma mudança que na realidade, é interna. Nenhuma cirurgia é exclusivamente externa, ela é um conjunto, físico, mental e social.

Quando uma mulher faz uma abdominoplastia, o que ela está tentando tirar dela? Algo externo para fortalecer sua autoconfiança.

O mesmo ocorre com uma mulher que teve filho e se conhece bem. Ela passou pelos efeitos da maternidade no seu corpo, agora está numa nova fase e quer se redescobrir como mulher e quer se cuidar. Portanto, ela recorre à cirurgia plástica para fazer um procedimento externo cujo objetivo é uma mudança interior.

Porém, uma parte das pessoas, aquelas que não têm autoconhecimento, ao fazer a cirurgia plástica, não conseguem se beneficiar pois não sabem o que realmente precisam para fazer uma verdadeira mudança interior. Pessoas assim podem fazer várias cirurgias, sem conseguir ficar bem consigo mesmas, porque o seu problema não é a aparência.

Mais uma vez reforço a importância do autoconhecimento para poder utilizar a cirurgia plástica como ferramenta de fortalecimento da beleza interior.

## AMPLIANDO A SUA ZONA DE CONFORTO

Outro conceito importante para você refletir que poderá impactar sua beleza interior é sobre a concepção do termo "zona de conforto".

Ouço pessoas recomendarem: "saia da sua zona de conforto que você vai se desenvolver e produzir mais". Se pegarmos a raiz da palavra conforto, veremos que ela vem de forte. Ou seja, é aquilo que fazemos melhor e mais bem-feito. Se você sai dela sem ter segurança e conhecimento, existe uma grande chance de patinar e não fazer direito o que pretendia; você corre o risco de abandonar o que sabe realizar bem e deixa para trás o que já havia conquistado. Sou favorável a mudar esse conceito: em vez de sair da sua zona de conforto, trate de ampliá-la.

O que deve ser evitado é você reservar-se a uma atividade que faz bem e não desenvolver as suas habilidades e competências para produzir algo melhor. Ao ficar parado, acreditar que não precisa evoluir, pode chegar uma hora em que só fazer aquilo em que você é bom, não será mais suficiente. Sempre surgirão novos procedimentos e outras ferramentas, porque o mundo muda constantemente. Estude mais, dê aulas e/ou palestras sobre o tema que você domina, isso é uma forma ampliar a sua zona de conforto. E relaciona-se com a sua busca de novos resultados, do fortalecimento da sua autoestima, e tornar-se mais seguro de si.

Uma pessoa que se submeteu a uma lipoaspiração, por exemplo, resolveu a gordura localizada, está com o corpo definido, bonito, sequinho. Mas não vai ficar só nisso (zona de conforto). Vai ampliá-la, procurando um nutricionista e um endocrinologista, expandindo o tratamento estético. Perceba que a continuidade do tratamento foi a ampliação e evolução da zona de conforto sem que para isso precisasse sair dela e abandoná-la, apesar de estar dentro do mesmo ambiente, do mesmo cenário – que podemos identificar isso como cuidado pessoal.

Ouço pessoas recomendarem: "saia da sua zona de conforto que você vai se desenvolver e produzir mais". Se pegarmos a raiz da palavra conforto, veremos que ela vem de forte. Ou seja, é aquilo que fazemos melhor e mais bem-feito. Se você sai dela sem ter segurança e conhecimento, existe uma grande chance de patinar e não fazer direito o que pretendia; você corre o risco de abandonar o que sabe realizar bem e deixa para trás o que já havia conquistado. Sou favorável a mudar esse conceito: em vez de sair da sua zona de conforto, trate de ampliá-la.

Recomendações para fazer a conexão com a sua beleza interior: respeite as suas características e se mantenha em movimento. É preciso ampliar a sua zona de conforto, e não sair dela. Se sair, pode correr o sério risco de menosprezar e perder tudo o que já fez.

No próximo capítulo, vou falar o que você deve fazer para se conectar com a sua beleza exterior.

## ASSISTA PARA SEMPRE LEMBRAR

### Beleza interior e exterior: tem como separar?

https://www.youtube.com/watch?v=QXtPoiWLoyk

### Amplie a sua zona de conforto

https://www.youtube.com/watch?v=kDCOzM3YmFA

# 9. COMO SE CONECTAR COM A SUA BELEZA EXTERIOR

A beleza exterior é a aparência, o que mostramos visualmente para o outro e está intimamente ligada à nossa energia. Costumo dizer que não é possível separar beleza externa da beleza interior, pois ambas fazem parte de nosso ser, e cada um de nós é indivisível.

Dá-se que, milissegundos antes da energia chegar, a imagem chega aos olhos do outro. A velocidade da luz é mais rápida do que tudo, sendo que a imagem é basicamente luz. Portanto, a aparência é o primeiro contato de uma pessoa com outra.

Existem estereótipos que definem padrões de beleza exterior, tão divulgados pela mídia, mas que, no entanto, são mutáveis porque passam a ser mais ou menos valorizados ao longo do tempo. Por exemplo, o padrão de beleza da mulher norte-americana atualmente, é diferente da década de 60, porque recebeu forte influência latina e africana. Hoje a mulher americana quer ter curvas, bumbum avantajado, muito diferente dos padrões anteriores. Estamos falando de corpo, formas e curvas, ou seja, do que é consumido como imagem. Em nosso país isso também é verdadeiro. O padrão de beleza feminino, até a década de 80, era que o seu corpo deveria ser magro, com cintura fina e bumbum grande, quase sem nenhuma mama, tanto que até o início dos anos 90 a cirurgia plástica mais realizada era a redução de mama. Desse modo, é importante deixar claro que padrões mudam conforme o país, o momento e o contexto histórico.

O contato inicial que temos com um produto é com a sua embalagem. O cheiro, a textura, a qualidade do material, vêm num segundo momento. A primeira impressão que temos de um prato, num restaurante, é a sua apresentação visual. Nós começamos a comer pelos olhos; depois sentimos o cheiro e por último o gosto. Levando isso para a nossa vida e para o universo da beleza, é fácil perceber que o primeiro contato sempre será pelo visual, antes mesmo da energia fluir.

Há pessoas que dizem "ah, eu não ligo para a aparência física". O fato de alguém negar a imagem física já mostra a importância que atribui a ela. A mensagem que existe aí é que essa pessoa é avessa ao tipo de padrão de beleza exterior dominante. Mas, certamente ela tem um padrão, algum padrão. A ideia que transmite é: "Eu não cuido da minha aparência". E, com isso, ela já condicionou o cérebro do outro a captar características como descuido ou desleixo – especialmente em lugares onde o cuidado com a imagem é valorizado.

Quem pratica o discurso de que não cuida da aparência está só comunicando um estilo de vida. O descuidar da aparência significa cuidar dela de maneira desleixada. Quer dizer que a pessoa se ocupou previamente (se preocupou) em não cuidar. O descuidado capricha no descuido.

Qualquer tipo de cuidado, esteja ele ausente ou presente, é o que impacta. Quando falo, portanto, da beleza exterior, estou falando da primeira impressão. Não estou afirmando que você precisa ser bonito(a), porém coerente à imagem que quer transmitir.

Estimado(a) leitor(a), serei repetitivo agora, mas creio que é importante reforçar para que grave: sua beleza não está na aparência apenas (ela é somente um aspecto da sua beleza), sua Energia da Beleza está na congruência da sua verdade com aquilo que você quer apresentar ao mundo. Seu **eu**, em sintonia com aquilo que você representa, sua genética, seu biótipo, sua história, o ambiente em que vive, essa sinergia é que determina a verdadeira Energia da Beleza. E isso é acessível a qualquer um!

Há pessoas que dizem "ah, eu não ligo para a aparência física". O fato de alguém negar a imagem física já mostra a importância que atribui a ela. A mensagem que existe aí é que essa pessoa é avessa ao tipo de padrão de beleza exterior dominante. Mas, certamente ela tem um padrão, algum padrão. A ideia que transmite é: "Eu não cuido da minha aparência". E, com isso, ela já condicionou o cérebro do outro a captar características como descuido ou desleixo – especialmente em lugares onde o cuidado com a imagem é valorizado. Quem pratica o discurso de que não cuida da aparência está só comunicando um estilo de vida. O descuidar da aparência significa cuidar dela de maneira desleixada. Quer dizer que a pessoa se ocupou previamente (se preocupou) em não cuidar. O descuidado capricha no descuido.

## MOSTRAR É COMUNICAR

Na essência, estamos falando de comunicação, porque beleza exterior é uma das formas que temos de comunicar-nos com o meio, considerando que nós podemos controlar quais mensagens queremos passar. Existe um pressuposto na PNL que adoro: a responsabilidade do resultado da comunicação é do comunicador. Quem transmite a mensagem deve certificar-se que o outro recebeu exatamente aquilo o que queria passar, e isso vale para sua imagem. Naquele momento que estamos mal e com má aparência, podemos gerenciar para onde queremos ir e com quem interagir. Mesmo quando não estivermos bem e a nossa presença for importante, devemos nos preparar e nos cuidar mais, para conseguirmos assim, transmitir bem-estar ao outro. Se nossa presença não for imprescindível, podemos evitar a exposição.

Agir de maneira a comunicar algo que não somos, representa desrespeito à nossa verdade. E não existe beleza se não existe verdade. Voltemos ao que já foi mencionado em capítulos anteriores: antes de falar em beleza e em comportamento, preciso saber quem sou, meus valores e minha essência. Só o correto alinhamento entre o interior e o exterior pode promover a beleza. A energia só flui se for espontânea.

Quando você não é autêntico(a), a pessoa que recebe a comunicação naturalmente percebe que há algo errado. Não adianta fingir e querer ser o que você não é. Beleza não é coisa que possa ser fruto de convencimento.

Por exemplo, uma mulher cuja altura é 1,60 m, usa um calçado com plataforma de 20 centímetros e enchimento na roupa para acentuar curvas que não tem, nunca expressará a Energia da Beleza. Pode até tentar representar uma personagem bonita, mas vai ser uma personagem, e não ela, verdadeiramente.

## PARA CUIDAR DA BELEZA EXTERIOR

Como devemos cuidar da nossa aparência para nos sentirmos belos e causarmos bem-estar nos outros?

A primeira coisa é respeitar as nossas características genéticas, culturais e sociais.

Além disso, precisamos lembrar que só existe beleza na saúde. E a definição de saúde é o bem-estar físico, psíquico e social. Então, para ter beleza, eu preciso de bem-estar na minha vida pessoal. Para uma boa saúde física, devo cuidar de todo o meu corpo: pressão arterial, do coração, do pulmão, do fígado, etc. Uma pessoa, por exemplo, com dificuldade de enxergar, porque está com glaucoma, tem como sintoma o olho inchado e avermelhado, leva sempre a mão ao olho e franze a testa. Ao trocar energia com alguém nesse estado, ela não consegue mostrar em sua plenitude a Energia da Beleza. Talvez o problema possa ser mínimo, como óculos desregulados – pelo simples fato de esforçar-se para enxergar, aproximando ou afastando um papel do rosto para conseguir ler. Por quê? Porque esse comportamento incomoda e deixa de causar bem-estar no próximo, sendo que isso prejudica a Energia da Beleza.

Nós conseguiremos manter-nos fisicamente saudáveis o tempo todo? Não. O que pode ser ressaltado a partir dessa negação? Se eu sei que estou fisicamente mal e me preocupo com isso, tomarei todas as medidas para sair dessa situação o mais rápido possível. A partir daí, a minha Energia da Beleza é contrabalançada pelo cuidado e principalmente pelo interesse que tenho em tratar-me.

Outra maneira de compensar é por meio da saúde psicológica. Se eu chegar ao meu consultório mancando com dor no joelho, com o semblante pesado, fisicamente não estarei em minha melhor forma. Nesse estado, terei dificuldade de estar bem. Mas, posso trabalhar meu interior, a fim de impedir que essa dor me domine e saber como lidar com ela, de modo que consiga concentrar-me mais e respirar melhor, para irradiar beleza e o bem-estar que são tão importantes na minha profissão. É uma questão de autoconhecimento – associado ao interesse em transmitir a Energia da Beleza. Tudo isso é uma opção, é a minha escolha de como quero me relacionar com o outro.

O inverso também é verdadeiro. Se eu não estiver mentalmente bem, isso vai se refletir no físico e, em consequência, no bem-estar que causo no outro. Na verdade, nem é só no físico que a ausência da beleza será observada ou sentida, mas também na energia enviada, que é uma das maneiras de comunicar beleza. Se uma pessoa não está psicologicamente bem, por mais que ela esteja arrumada, com o seu exterior caprichado, passará uma energia ruim e não conseguirá expressar bem-estar. Isso só mostra ainda mais a importância de sempre buscarmos cuidar de nossa saúde psicológica no dia a dia.

Quem se encontra em desarmonia com o ambiente também não estará belo(a), sendo que isso está relacionado à saúde social. Por exemplo, uma menina de 18 anos, inteligente e saudável, com vergonha dos seus seios, seja por ser grande ou pequeno, socialmente se retrai. Quando vai se apresentar, retrai os ombros numa atitude de querer se esconder. Não é um problema físico – de certa forma é um problema psicológico, mas é muito mais social. Há beleza nisso?

Para firmar beleza, é fundamental estarmos saudáveis nos três níveis: físico, psicológico e social. E saber compensar o que está em deficiência é o caminho para melhorarmos. Por exemplo, se o meu psicológico não anda bem, o que eu faço? Procuro me reunir com amigos e familiares que amo, que me respeitam e que sei que vão animar meu astral: eles me farão rir, brincar, distrair – desviando-me dos problemas mesmo que temporariamente. É o contato social agindo na melhora da minha Energia da Beleza.

Uma das principais dicas para você se conectar com a sua beleza: é encontrar prazer em tudo o que você faz.

O prazer é uma reação física provocada no nosso organismo pela liberação de neurotransmissores, como dopamina, serotonina, endorfina – essas substâncias estimulam parte do nosso cérebro quando temos contato com algo de que gostamos. Um dos melhores remédios do nosso organismo é o prazer (ele mobiliza a felicidade e, em consequência, a beleza). O prazer evita a liberação do cortisol que é o hormônio do estresse e principal agente das doenças degenerativas, porque é inflamatório. Quando nos conhecemos e sabemos o que nos faz bem, conseguimos direcionar as atividades de nossa vida para situações de prazer. A pessoa feliz é muito mais bonita.

Outra dica: tente, ao máximo possível, evitar tudo o que desagrada ou causa estresse. É claro que nem sempre é possível, mas é necessário tentar. Evitá-lo deve ser uma busca constante, um mantra na vida de qualquer um.

Relembrando e reforçando o conceito: dormir bem, comer adequadamente e fazer atividade física são agentes de beleza. Mas o valor máximo deve ser a busca do prazer – sempre respeitando limites, o próximo e a si mesmo.

## APOIO À ESTÉTICA

Costumo dizer que não faço diferença entre a cirurgia reparadora da cirurgia estética, porque cada ser humano é único e uma coisa repercute na outra. Entendo que, ao corrigir uma queimadura no rosto de uma pessoa, estou fazendo uma cirurgia reparadora, mas no fundo o que se quer é uma melhoria estética. Da mesma forma, para uma mulher que perdeu uma mama para o câncer, eu faço a reconstrução da sua mama, no entanto eu entendo também, que é um procedimento estético, porque quero que ela se sinta mais bonita.

O prazer é uma reação física provocada no nosso organismo pela liberação de neurotransmissores, como dopamina, serotonina, endorfina – essas substâncias estimulam parte do nosso cérebro quando temos contato com algo de que gostamos. Um dos melhores remédios do nosso organismo é o prazer (ele mobiliza a felicidade e, em consequência, a beleza). O prazer evita a liberação do cortisol que é o hormônio do estresse e principal agente das doenças degenerativas, porque é inflamatório. Quando nos conhecemos e sabemos o que nos faz bem, conseguimos direcionar as atividades de nossa vida para situações de prazer. A pessoa feliz é muito mais bonita.

desde que você esteja cuidando da sua aparência, proporcionará uma conexão com a beleza e terá um reflexo positivo. Resumindo, cuidar da aparência impacta na saúde – e só existe beleza na saúde.

No próximo capítulo, falaremos sobre beleza e autoestima e veremos que elas não são a mesma coisa.

## ASSISTA PARA SEMPRE LEMBRAR

### Existe padrão ideal de beleza?

https://www.youtube.com/watch?v=LXaKQsPjIc4

# 10.

# O IMPACTO DA AUTOESTIMA NA BELEZA

Existe um mal-entendido sobre o que é autoestima. Muitas pessoas confundem o prefixo **auto** com o adjetivo **alto**. Alto significa elevado e auto significa próprio. Estima é zelo, cuidado, preocupação. Quando tratamos o tema sobre a autoestima, basicamente pensamos no cuidado conosco mesmos e na forma como nos valorizamos. Ela pode ser alta ou pode ser baixa. Em função da mesma sonoridade cria a falsa impressão de que tanto o autocuidado como a autoestima, devem estar em alta o tempo todo, gerando expectativa e cobrança. É importante esclarecer que a autoestima pode oscilar, já que vivemos diversos momentos diferentes ao longo de nossa vida. Nenhum ser humano consegue manter o autocuidado constante, em 100% do tempo. Por quê? Porque nossa autocrítica nos leva a perceber quando acertamos ou não atingimos nossa melhor atuação. É por meio dela que percebemos que podemos nos tornar melhores; ela pode parecer ruim, mas, por outro lado, pode ser positiva e nos levar a trabalhar para elevar o cuidado pessoal (autoestima).

Vou exemplificar aqui sobre autoestima deficiente. Uma criança que sofre violência, abuso ou que é diminuída na infância, terá provavelmente uma autoestima baixa. E por quê? Porque ela foi crescendo acreditando que não era merecedora, que não tinha qualidades.

Os conceitos de **ser e estar**, **ser e fazer**, são diferentes. Veja a seguir: uma criança que faz algo de desordem pode não **ser** exatamente bagunceira, apenas **está** se comportando dessa forma naquele momento. Por que é importante estabelecer essa diferença? Para separar a **atitude** que estou tendo do que realmente **sou**. Logo, uma criança com essa característica pode ser na verdade, uma criança ativa e criativa. Porém, se ela cresce ouvindo que é bagunceira, pode interiorizar isso como uma característica pessoal.

Outro ponto importante sobre autoestima é que ela tem a ver com o resultado. Terei minha autoestima elevada ao ver que aquilo que faço produz um resultado positivo em mim e no próximo. Supondo que uma pessoa teve um dia péssimo: problemas no trabalho, filha doente, noite mal dormida, enfim, tudo que podia dar errado aconteceu. Sabe aqueles dias que não deveríamos ter saído da cama? Então, ela entra na garagem da academia dirigindo e, ao mesmo tempo falando ao celular e desatenta, faz uma curva fechada e bate o carro num pilar – mas, não era um pilar no meio do caminho, era um pilar no meio das vagas. Nem de olho fechado sem as duas mãos ao volante alguém conseguiria fazer aquilo. Uma barbeiragem sem precedentes. Os funcionários do estacionamento não acreditam quando veem essa proeza. Naturalmente a pessoa se sente muito mal, a última da humanidade, porque era praticamente impossível bater como bateu. Um prejuízo imenso por uma bobagem. Já estava tendo um dia terrível, só piorou. Por mais que se tenha a autoestima bem resolvida, naquele momento essa pessoa se cobra, se coloca lá embaixo e se julga como incompetente e barbeira. No entanto, o que é importante considerar é que foi um momento. Ela não é uma motorista incompetente, mas naquela situação foi.

Quando você tem uma autoestima boa, entende que teve apenas um momento de fraqueza, assim como todos nós temos. É preciso contar com recursos internos suficientemente fortes para não se deixar abater e não permitir que momentos ruins lhe derrubem. Isso é ter autoestima bem resolvida: compreender que você é mais que aquilo e pode sair da situação negativa rapidamente.

## RECURSOS INTERNOS

Todos temos os recursos internos para lidar com a autoestima. Para garantir uma boa autoestima devemos focar em quem realmente somos e reconhecer o que fazemos bem, através do autoconhecimento.

Voltando ao exemplo do carro, quantas vezes essa pessoa conseguiu evitar um acidente graças à sua habilidade como motorista? Em anos de habilitação, bateu o carro pouquíssimas vezes. Logo, ela é uma boa motorista e não é uma batida que a define. Para conseguir sair rápido da autoestima baixa, ela recorre a essas informações anteriores e reconsidera o momento.

O resultado da interação com o meio decorre do conhecimento que se tem das suas qualidades e características. De posse dessa consciência consegue-se ficar o menor tempo possível com a autoestima baixa.

Quando você tem uma autoestima boa, entende que teve apenas um momento de fraqueza, assim como todos nós temos. É preciso contar com recursos internos suficientemente fortes para não se deixar abater e não permitir que momentos ruins lhe derrubem. Isso é ter autoestima bem resolvida: compreender que você é mais que aquilo e pode sair da situação negativa rapidamente.

## AUTOESTIMA E BELEZA

Muitos confundem autoestima com beleza. Acreditam que pessoas com autoestima elevada são aquelas que possuem boa aparência - ou seja, que são consideradas bonitas. Nem todas as pessoas que têm autoestima elevada são bonitas e nem todas as que são bonitas têm a autoestima elevada. Autoestima elevada não tem nada a ver com o meio, mas com a essência da pessoa. A maneira como você se comunica com o meio (voltando ao conceito de beleza como forma de comunicação), é que vai determinar a sua beleza ou Energia da Beleza, como prefiro definir. Alguém com autoestima elevada se comunica de maneira segura, porque reconhece suas características, qualidades e limites, independentemente em qual ambiente esteja.

Entretanto, se a pessoa acredita que é "o máximo", em razão de autoestima excessivamente elevada, pode se tornar arrogante, se achar superior, não respeitar as diferenças e querer impor a sua verdade. Ao se comportar desta maneira, ela não causará bem-estar, vai se tornar uma pessoa desagradável e feia.

E quantas pessoas fisicamente perfeitas que estão dentro do padrão estético valorizado pela sociedade, têm a autoestima lá no chão? Por que homens e mulheres considerados ícones de beleza física, se desvalorizam, se diminuem, vivem relacionamentos tóxicos, procuram reforçar sua autoestima com aceitação social, têm dificuldade de falar não e são passivos à vontade alheia? A explicação é simples: beleza e autoestima são coisas distintas. Todos nós conhecemos várias delas que têm um baixo cuidado consigo e por isso vivem aquém do que poderiam.

Reforçar a autoestima é um excelente exercício para otimizar o convívio social e principalmente para um melhor relacionamento consigo mesma.

## REFORCE A SUA AUTOESTIMA E A DOS OUTROS

A autoestima pode ser construída ou abalada ao longo do tempo. As crianças pequenas normalmente têm autoestima bastante elevada – elas acreditam que o mundo gira em torno delas. Mas, à medida que crescem, isso pode começar a mudar. E quando isso muda? A partir da convivência social, quer dizer, quando começam a interação com outras pessoas, escola, amigos, família, professores etc. Infelizmente, nesse processo começam a ser rotuladas (o que vai desgastando a autoimagem). A insistência dessa rotulagem pode levá-las a se acharem feias porque têm o cabelo encaracolado ou porque não têm olhos azuis, por exemplo.

Por isso é importante estarmos atentos, principalmente como pais e educadores, para ajudar nossas crianças a fortalecer sua autoestima. Não rotule uma criança, principalmente seu filho, não o critique; ao contrário, valorize o que ele tem e faz bem. Ele pode fazer uma coisa errada, o que não significa que ele seja assim. Se porventura ele tiver um comportamento inadequado corrija-o, mas não o julgue.

Quando você tem uma autoestima boa, entende que teve apenas um momento de fraqueza, assim como todos nós temos. É preciso contar com recursos internos suficientemente fortes para não se deixar abater e não permitir que momentos ruins lhe derrubem. Isso é ter autoestima bem resolvida: compreender que você é mais que aquilo e pode sair da situação negativa rapidamente.

Educar uma criança para ter uma autoestima elevada significa respeitá-la com suas características e entender que o que ela **faz** é diferente do que ela **é**. A autoestima, portanto, tem tudo a ver com a educação na nossa infância.

Agora vou dar um exemplo que pode ser facilmente observado em escolas. Um aluno vai mal nas aulas de matemática, porque não consegue prestar atenção e a professora rotula esse menino como mau aluno. Mas, em português consegue se concentrar e vai muito bem, logo, a outra professora o considera um bom aluno. Isso mostra que o menino não é um mau aluno – ele apenas tem dificuldade em matemática, assim como tem mais facilidade com o estudo da língua. O problema é que, se ganhar fama de mau aluno, pode absorver isso como verdade dentro dele para o resto da vida. Quando precisar resgatar os valores positivos que ele tem, enfrentará mais desafios.

Você, mãe ou pai de adolescente que está usando uma roupa que não considera que fique bem para ele ou ela, não diga que ele ou ela estão feios – em vez disso, dê sugestão de outra roupa que talvez fique melhor. Dê sua opinião sem criticar para não impactar seu filho(a) negativamente. Censurar equivale a minar a sua autoestima. Quem, na infância e na adolescência, só é criticado e humilhado, quando adulto pode vir a se tornar uma pessoa insegura e incapaz.

Quem foi criado na infância e adolescência sendo frequentemente criticado, desestimulado e rotulado tem uma grande chance de desenvolver uma percepção negativa sobre si mesmo, o que derruba a sua autoestima. Em geral, essas pessoas tentam compensar a baixa autoestima com atitudes passivas, colocando-se como vítimas nas mais diversas situações. Isso porque elas foram criadas assim, mas não são necessariamente assim.

Se você se considera uma pessoa com autoestima baixa e depois de ler esse livro percebe que sofreu ou sofre por causa desse tipo de "criação" abusiva, primeiro não culpe ninguém, provavelmente quem agiu assim não sabia o que fazia e nem o impacto que isso causaria. Acredite, há tratamento e ele está diretamente relacionado ao autoconhecimento. Terapia, meditação, *coaching* etc., podem ajudar muito. Ao terminar esse livro você vai perceber que essa mudança já começou e que você está muito mais empoderado(a) do que quando no início da leitura.

## EXERCÍCIO PARA ELEVAR A SUA AUTOESTIMA RAPIDAMENTE

No dia em que precisar sentir-se seguro, encher o peito e se orgulhar de si, você pode fazer algumas pequenas coisas que vão ajudá-lo a se sentir bem.

Vamos lá! Por exemplo, você está se arrumando para um novo encontro pessoal ou profissional e está inseguro(a) pois não sabe o que lhe espera. Entretanto, quer causar uma boa impressão e para isso precisa estar com a autoestima elevada e com a Energia da Beleza em alta. Durante seus preparativos, ouça uma música que traga boas recordações, escolha uma roupa que valorize sua imagem e principalmente lembre-se de momentos em que você teve sucesso e nutra-se dessa sensação. Lembre-se dos sentimentos positivos que tomaram conta do seu corpo e da sua mente quando viveu tudo aquilo. Pronto! Você já tem o combustível para uma autoestima elevada e sua Energia da Beleza fluirá a todo vapor.

Tenho certeza de que seguindo esses simples passos, você estará diferente. E quando chegar ao seu encontro, naquele momento em que você precisa estar com a autoestima elevada, você deve parar, respirar e lembrar-se de tudo o que você é. É um combustível potente. Fez isso? Pois essa é a sensação que você precisa lembrar para resgatar a sua autoestima. Ela está dentro de você. É uma reação química. Toda vez que você precisar levantar a sua autoestima, busque dentro de si a sensação daquilo que você faz bem-feito. Com treinamento e repetição (assim como os atletas fazem para alcançar o sucesso), você pode automatizar essa atitude. Pode acreditar que vai ajudar bastante.

No próximo capítulo, nosso foco será a ecologia da beleza, ou seja, falaremos da beleza no contexto da relação que temos com o ambiente e da relação que temos uns com os outros.

**ASSISTA PARA SEMPRE LEMBRAR**

## O que é autoestima?

https://www.youtube.com/watch?v=t-uXDc2Pyk8

## Beleza depende de autoestima?

https://www.youtube.com/watch?v=W1SaCiHsLcc

## Eleve sua autoestima em uma hora

https://www.youtube.com/watch?v=Mp07lmA10OU

## Reforce sua autoestima

https://www.youtube.com/watch?v=SC_lAUgMZlA

# 11.

# A ECOLOGIA DA BELEZA

Já conversamos sobre beleza interior, beleza exterior, autoestima e como sua Energia da Beleza pode ser construída e trabalhada, porém nada disso fará sentido se você não adequar suas atitudes à ecologia.

Quero dar uma atenção especial a este tema pois ele é fundamental para a real solidificação da sua beleza.

A definição de Ecologia segundo o dicionário é: **Ecologia** é um ramo da Biologia que estuda as relações entre os seres vivos e o meio ambiente onde vivem, bem como a influência que cada um exerce sobre o outro. **A palavra** "Ökologie" deriva da junção dos **termos** gregos "*oikos*", que significa "casa" e "*logos*", que significa "estudo".

Na Programação Neurolinguística a ecologia é de suma importância, pois estuda a interação do indivíduo com o ambiente assim como a relação entre os próprios indivíduos entre si. De uma forma simples é o estudo de como nós seres humanos estamos juntos e nos relacionamos e como tudo isso se dá no ambiente em que vivemos.

Ok, mas o que isso tem a ver com a beleza? Tudo! Se beleza é causar bem-estar no próximo e se considerarmos que vivemos num microcosmos social, adequar nossa atitude ao nosso sistema ecológico é fundamental para impactar positivamente as pessoas e assim conseguirmos nos tornar belos(as).

Exemplo: Imagine você com seu melhor traje de gala, em sua melhor condição física, o cabelo muito bem arrumado, a melhor maquiagem e com a sua companhia dos sonhos.

Agora você com toda essa produção sai de um carro bonito, há um tapete vermelho à sua espera, o ambiente é todo glamuroso, com música, luz e brilho... Tudo é sucesso total e garantido. Você é o assunto da noite positivamente.

Agora imagine você com esse mesmo traje, com essa mesma maquiagem, mesmo cabelo, tudo igual. Ao invés de um tapete vermelho, porém, há um chão de barro, no sítio da família, onde o bom e velho churrasco está sendo realizado, está aquele calorão, um samba de roda anima o ambiente, os cachorros correm e lambuzam de lama todos os convidados... Então, percebe o quanto estaria deslocada, por mais bonita, produzida, chique que estiver, o ambiente não está adequado, a ecologia não foi respeitada. Você também será o assunto da festa, mas desta vez negativamente.

Eu dei esse exemplo absurdo e gritante para tentar deixar claro o quanto é importante a Ecologia.

Obviamente ninguém em sã consciência iria a um churrasco num sítio com traje de gala.

Estar adequado ao sistema ecológico que vivemos é fundamental. Só através dessa adequação que você conseguirá atingir o máximo da sua Energia da Beleza.

## OS SEMELHANTES SE ATRAEM

Outro ponto importante para conseguir se beneficiar do potencial energético é estar cercado daqueles que gostam do que você gosta e que valorizam o que você valoriza (não precisa ser em todas as coisas, até porque seria impossível).

No Capítulo 7 dividimos a beleza em física, intelectual e social. A aplicação na ecologia, pelo fato de estar perto de quem valoriza o que você valoriza, tem tudo a ver com o tipo de beleza que você quer desenvolver.

Se para você o importante é a beleza intelectual, aproxime-se de quem também valoriza isso, de quem tem mais afinidade com o conhecimento do que a estética ou um corpo bem-definido. Entenda que não existe certo ou errado em beleza, melhor ou pior, existe o que você quer para você.

A TV Cultura, canal de televisão com uma proposta mais voltada para o aspecto cultural em SP, apresenta um programa muito interessante onde a beleza intelectual é supervalorizada. Chama-se *Café Filosófico*, basicamente um convidado, normalmente um filósofo, discorre sobre suas ideias e pontos de vista sobre um tema pré-definido para uma plateia em um bar ou restaurante. Então esse público, tomando seu *drink*, recebe atentamente toda Energia da Beleza daquela personagem. Por vezes, a imagem mostra o público e sua reação, e é notório que a moda, o físico, a aparência são pouco valorizados neste sistema ecológico, ou seja, para alguém causar uma boa impressão neste ecossistema a imagem é insignificante; seu conteúdo, seus pensamentos, isso sim, é relevante.

Esse é o ponto de congruência de tudo que falamos até agora, saber quem você é, ter clareza da beleza que você quer transmitir e estar em harmonia com seu ecossistema. Se você conseguir tudo isso (e eu lhe asseguro que é mais fácil do que parece), certamente sua Energia da Beleza impactará todos ao redor.

Outro ponto importante para conseguir se beneficiar do potencial energético é estar cercado daqueles que gostam do que você gosta e que valorizam o que você valoriza (não precisa ser em todas as coisas, até porque seria impossível). No Capítulo 7 dividimos a beleza em física, intelectual e social. A aplicação na ecologia, pelo fato de estar perto de quem valoriza o que você valoriza, tem tudo a ver com o tipo de beleza que você quer desenvolver.

Se para você o importante é a beleza intelectual, aproxime-se de quem também valoriza isso, de quem tem mais afinidade com o conhecimento do que a estética ou um corpo bem-definido. Entenda que não existe certo ou errado em beleza, melhor ou pior, existe o que você quer para você.

Tenho uma paciente com uma história de vida linda. Ela foi mãe adolescente, primeiro namorado, casaram-se, constituíram uma família. Ela se comprometeu a cuidar da casa e da filha enquanto ele estudava e trabalhava. Com muito sacrifício de ambos, ele se formou engenheiro e conseguiram, juntos, evoluir, inclusive financeiramente. Quando já estavam em melhores condições econômicas, resolveram ter outro filho, e assim que a segunda filha cresceu, decidiram que era hora dela se cuidar. Eles me procuraram para fazer o *mommy makeover*, que basicamente é a reforma completa da mulher após a gestação, no caso dela foi Lipofracionada (minha especialidade) e prótese de mama. Além da reforma física, ela entrou na faculdade de nutrição, começou a treinar musculação, abriu uma conta no Instagram como modelo fitness e hoje está arrebentando: é uma supermãe, supersarada, já está dando passos importantes na carreira de nutricionista, ajudando sua clientela a conquistar mais saúde. Aparentemente tudo perfeito, certo? Não! A sua ecologia não estava adequada: o marido era sedentário, cervejeiro e a maioria das pessoas da família de ambos, também levavam um estilo de vida pouco saudável (eles pouco valorizavam atividade física, alimentação saudável e tudo o mais que ela amava). Diariamente era criticada por acordar cedo, por pesar a comida, postar fotos e publicar *stories* na rede social, reportando seu cotidiano. Sua vida, ao invés de melhorar, piorou: seu casamento ficou abalado e se distanciou da família. Num retorno tardio de pós-operatório comigo, ela desabou, chorou e se abriu. Se por um lado estava feliz e realizada, por outro estava triste e depressiva, não queria privar-se das conquistas alcançadas do mundo *fitness*, mas também não queria perder o casamento e a família. Por sorte consegui ajudá-la e mostrei que o problema era ecológico – estava no ambiente errado. Mas, não precisaria mudar esse padrão, necessitava apenas, que no ambiente familiar deixasse a musa *fitness* de lado. Em casa, ela não falaria mais de treino e equilibraria os programas com o marido e a família. Seguiria na companhia do esposo nos barzinhos e petiscos, mas dentro do seu universo saudável: ao invés de cerveja, tomaria um *drink* menos calórico – ele comeria o bolinho de bacalhau e ela uns *pickles*. Se para ela os dois universos eram importantes, seria possível adequar-se a ambos. Ainda fiz uma brincadeira, seria como se ela estivesse fazendo uma viagem, onde no mesmo dia figuram climas diferentes: esquiaria na neve (com todos seus paramentos) e iria para praia (ao tomar sol, usaria sua roupa de banho). Simples assim, adaptar-se à ecologia. Qual foi o resultado? Cada dia que passa ela está mais linda, mais *influencer*. Até se tornou referência de perfil de mulher sarada. Seu casamento está renovado: seu marido também a acompanha e abandonou o sedentarismo, hoje treina e controla a dieta. Ela é um exemplo para a irmã que segue seus passos. A família viaja, curte, bebe (em quantidade menor, mas bebem), aproveitam o máximo que podem e tudo isso porque sua Energia da Beleza se ajustou às ecologias do seu cotidiano.

Perceba através desse caso: você pode ser tudo que quer, porém, se não se adequar ecologicamente, todo seu esforço será em vão e a frustração do insucesso jogará você no limbo da tristeza e da depressão.

No próximo capítulo, vou trazer dicas e orientações para você se sentir uma pessoa mais bonita no dia a dia.

# 12.

# DICAS E ORIENTAÇÕES PARA VOCÊ SE SENTIR UMA PESSOA MAIS BONITA NO DIA A DIA

Neste capítulo reuni um conteúdo prático (e valioso!) para você aplicar no seu dia a dia e fazer fluir a sua Energia da Beleza.

A primeira coisa que quero falar é sobre **âncoras**. O que são âncoras? São atitudes ou situações que nos dão segurança, porque confiamos nelas. Ter segurança no seu casamento é algo fantástico, porque você vive tranquilo e sem preocupações – tendo em conta que existe confiança, respeito e parceria. Logo, seu casamento pode ser uma âncora para você, por exemplo.

A PNL tem um exercício muito interessante, que é o de criar âncoras. E podemos trazer para o nosso contexto, definindo âncoras de beleza. As roupas, os sapatos, as gravatas, os óculos, podem ser âncoras de beleza. Um adereço de que goste muito, e com o qual você se sinta confortável, elegante e bonito(a), é uma âncora de beleza. Uma mulher usa um determinado sapato que adora, porque a deixa alguns centímetros mais alta e também porque todo mundo a elogia. Então, quando precisar se sentir bela, vai usar aquele sapato, ou seja, aquela âncora. Uma âncora bem escolhida, vai fortalecer sua beleza. Deve estar intimamente ligada a você, deve-se ter 100% de certeza que com aquela âncora você se torna uma pessoa melhor.

## OUTROS TIPOS DE ÂNCORA

Âncoras de beleza não precisam necessariamente ser objetos. Pode ser uma música. Por exemplo, se tenho que ir a uma reunião e preciso estar me sentindo bem, posso escutar uma música antes de começar esse encontro. E preferencialmente que seja uma música que me traga boas lembranças e tranquilidade, que estimule meus sentidos e fortaleça o meu estado emocional.

Qualquer coisa pode ser uma âncora, desde que traga segurança. Vou sair e usarei este lenço, porque com ele me sinto elegante. Percebe? É algo ao qual me apego para me fortalecer.

Eu posso ancorar um local. Eu sei que naquela sala de reunião eu me sinto mais poderoso. Portanto, marcarei as minhas reuniões mais importantes lá.

No geral, criar âncoras a partir de objetos é o exercício mais fácil de realizar. Conheço mulheres que não conseguem sair de casa sem brincos, sem pulseiras ou sem passar o batom. São coisas que as deixam mais seguras de si.

Existem, também, as âncoras inconscientes. Nós as adquirimos no convívio familiar ou social e normalmente têm a ver com nossa criação – podem ser locais ou situações, mas também podem ser atitudes que pratico de maneira inconsciente e que me fortalecem. Por exemplo: minha família é muito pequena, basicamente meus pais e meus irmãos, mas sempre em eventos especiais nós tomávamos café da manhã juntos. Minha mãe preparava o café, o sanduíche de misto quente na chapa, bolinho de chuva, suco natural, e era uma delícia, sempre dávamos muitas risadas – isso fortificava nosso elo. Hoje, quando preciso sentir-me bem e revigorado antes de um evento importante, organizo na minha casa um café da manhã em família.

Inconscientemente sou tomado por uma força de união, de valor familiar que me motiva a realizar um bem maior. Perceba que não é algo consciente, mas sim algo que trouxe inconscientemente da minha infância e me revitaliza.

Para uma âncora ser eficaz é fundamental que ela seja escolhida e determinada de maneira consciente. Você precisa se conhecer, para saber quais são as coisas que lhe dão segurança e que deixam você mais bonito ou bonita. A âncora tem que ser verdadeira, senão jamais será bem-aceita pela outra pessoa.

## CINCO RECOMENDAÇÕES PARA SE SENTIR UMA PESSOA BELA

Agora, gostaria de dar cinco dicas importantes para você se sentir uma pessoa mais bonita. Esse livro não faria sentido se não pudesse de alguma maneira, ensinar-lhe a melhorar sua Energia da Beleza. E ao segui-las tenho certeza que você se aproximará do seu potencial máximo de beleza.

Algumas delas já mencionei anteriormente neste livro (justamente para argumentar e fundamentar) mas, quero detalhá-las aqui.

**A primeira delas:** seja verdadeiro consigo. Talvez seja a dica mais importante que eu possa dar a você. Sempre que mantermos a linha do que somos, vamos transmitir beleza e contagiar os outros. Do contrário, quando se faz algo que não é verdadeiro, que não condiz com a sua realidade e seus valores, você não vai transmitir a Energia da Beleza.

Para uma âncora ser eficaz é fundamental que ela seja escolhida e determinada de maneira consciente. Você precisa se conhecer, para saber quais são as coisas que lhe dão segurança e que deixam você mais bonito ou bonita. A âncora tem que ser verdadeira, senão jamais será bem-aceita pela outra pessoa.

**Segunda dica:** mantenha-se saudável. Com isso, estou considerando tudo do ponto de vista biológico, que é exigido do nosso organismo. Ou seja, comer bem, dormir bem, praticar atividade física. Seja saudável com o seu corpo, sem extrapolar os seus limites e ao conseguir isso, irá transmitir saúde – e beleza também é saúde, conforme falamos em capítulos anteriores.

**Terceira dica**: ressignificação. O que é isso? É aprender a relativizar os problemas, olhando o todo e colocando as coisas em seus devidos lugares. Ressignificar também é ver o lado positivo das coisas. Em um problema, sempre existe um lado bom relacionado aos aprendizados que nos fazem evoluir. Ressignifique os problemas que você tem e verá o quanto sua vida melhorará. Concentrar-se no lado positivo da vida, na metade cheia do copo, nos torna mais bonitos. O positivo é atrativo, o negativo é repulsivo.

**Quarta dica:** aceitação. Também é extremamente importante aceitar quem você é e sua situação atual. Mas, se você não está feliz com o seu estado neste momento, saiba que pode mudar. E isso também é aceitação, ou seja, ter consciência da necessidade de mudança. Aceite aquilo que você é e o que poderá ser.

**Quinta dica:** faça coisas que te deem prazer. Porque, se não houver prazer, a energia que a gente recebe e emana é uma energia ruim. A energia positiva que recebemos de alguém fazendo alguma atividade com pleno prazer é forte, nos faz admirá-la e sentir sua beleza. O prazer irradia beleza. Observe uma pessoa em estado de felicidade e verá como ela é bela. O psicólogo Mihaly Csikszentmihalyi[5] desenvolveu o conceito de "*estado de flow*", um estado mental em que a pessoa está totalmente imersa no que está fazendo e que se caracteriza por um sentimento de total envolvimento, foco e satisfação na atividade. Nesse estado, a pessoa transmite muita beleza.

Pratique essas dicas e experimente o impacto positivo na sua Energia da Beleza.

## BUSQUE AJUDA

Quando falei sobre aceitação da mudança, gostaria de esclarecer que não estou recomendando nada radical, nem nada que venha ferir a sua identidade ou a sua natureza. Estou falando sobre cuidados e autocuidado. Existem profissionais especializados em todo tipo de procedimento, estético ou não, para ajudar você a se sentir uma pessoa mais segura de si, plena e, em decorrência, mais bonita.

Você pode obter ajuda de profissionais competentes de estética e visagismo, assim como de cabeleireiros, ortodontistas, maquiadores, massagistas, ou seja, pessoas que trabalham com a beleza e que oferecem soluções. Essas correções ou ajustes podem ajudar a liberar o fluxo da energia que realmente você quer passar.

---

5 CSIKSZENTMIHALYI, Mihaly. *Flow: the psychology of optimal experience.* New York: HarperCollins, 1990.

Crie o hábito de usar os profissionais da beleza e seus serviços ao seu favor – são como ferramentas de investimento em você.

## TENHA CONSCIÊNCIA

Neste momento, sugiro que você faça uma autorreflexão sobre o que espera da sua beleza. O que você quer? Aonde você quer chegar?

Defina os seus desejos e coloque-os no papel com o problema, a solução e o tempo para resolver, para que fiquem marcados na sua mente.

Exemplos: estou com cinco quilos a mais do que gostaria e minha meta é perder esses quilos, farei uma dieta e em três meses perco esse excesso; tenho gordura localizada que me dá vergonha de usar biquíni, logo o meu propósito é fazer uma lipoaspiração abdominal antes do verão; meu cabelo não está adequado para o formato do meu rosto e minha meta é consultar um visagista para recomendar um procedimento que me devolva a harmonia facial até meu aniversário; meu closet não me agrada, porque a ordem das roupas me incomoda, mas não sei organizá-lo, por isso meu objetivo é contratar um *personal organizer* neste mês; meus sapatos estão velhos, mas não tenho tido capacidade de escolher sapatos novos adequados ao meu estilo, por isso meu propósito é chamar um *personal stylist* para me ajudar nessas compras neste natal.

Isso significa que todas as coisas que você acredita que podem potencializar a sua beleza têm que ser listadas – de preferência com a solução indicada e o tempo para realizá-las. Em seguida delineie estratégias para alcançá-las. Mas, devem ser reais, verdadeiras, factíveis, considerando circunstância, tempo e dinheiro. E compreendendo que eventualmente, você terá que reprogramar o tempo, dependendo de como as coisas vão caminhando ao longo do percurso. Porém, se a sua necessidade for verdadeira, terá como achar disposição, tempo e recursos para realizá-las.

Vou compartilhar algo que eu considerava importante para manter a minha Energia da Beleza fluindo: diminuir a calvície. Venho de uma família de carecas, o que significa que tenho essa tendência genética de perda de cabelos. Mas, de um tempo para cá passei a me sentir mal ao ver minhas fotos e vídeos. Percebi através deles que minha imagem estava envelhecida. O meu topete, que sempre foi um recurso que usei a vida inteira (âncora), estava ficando ralo. Isso não favorecia a elevação da minha autoestima e não iria me ajudar a atingir o resultado que eu esperava. Aí fui atrás dos tratamentos possíveis para corrigir e um dos que considerei factíveis foi o implante capilar.

Vejam a sequência do meu processo de mudança: descobri onde estava – venho de uma família de carecas, que é uma genética que atua contra mim e com a qual não posso brigar, mas sobre a qual posso agir; ao optar pelo implante capilar, não luto contra a minha genética, mas estou trabalhando sobre ela. Como? Tomando remédio, fazendo tratamento capilar e me submetendo a uma cirurgia. São recursos factíveis e que posso recorrer.

Isso significa que todas as coisas que você acredita que podem potencializar a sua beleza têm que ser listadas – de preferência com a solução indicada e o tempo para realizá-las. Em seguida delineie estratégias para alcançá-las. Mas, devem ser reais, verdadeiras, factíveis, considerando circunstância, tempo e dinheiro. E compreendendo que eventualmente, você terá que reprogramar o tempo, dependendo de como as coisas vão caminhando ao longo do percurso. Porém, se a sua necessidade for verdadeira, terá como achar disposição, tempo e recursos para realizá-las.

Num outro exemplo, comentarei sobre um paciente que vem de uma genética de gordos. Na sua família, comer é um prazer. E, para ele, comer bem é um valor. Mas ele também preza a saúde física e prefere se manter em condições atléticas. Não quer ser gordo – logo, terá que equilibrar a situação. Como? Decidiu-se em consulta que poderia tratar-se com jejum intermitente, uma técnica à qual se adaptou bem e funciona como estratégia para não engordar.

Vale ressaltar mais uma vez que, essas atitudes têm que estar alinhadas com o que você acredita e quer fazer. Deve ser algo que venha de dentro de você.

Citarei mais um exemplo pessoal: meu nariz é um alvo perfeito para cirurgia plástica. Diversos professores e até minha esposa, especialista em rinoplastia, já me indicaram cirurgia. Mas não me incomoda. Eu aceito o meu nariz e estou feliz com ele. Então não preciso mexer nele, mesmo que o padrão me diga que eu deveria. Perceba que, se porventura fizer uma cirurgia, não será por minha vontade, mas por uma imposição externa e o resultado certamente me frustrará.

Só preciso mexer naquilo que me incomoda. Aí traço uma estratégia para resolver consciente para onde e quando quero chegar. E onde quero chegar? À melhor versão do que posso ser.

O resumo dessas minhas recomendações é que você precisa estar segura do que quer, porque não há beleza na insegurança. O medo, a dúvida e a incerteza, são energias negativas que nos causam mal-estar.

Traga para o seu cotidiano metas bem definidas, planejadas e estruturadas, porque é a estratégia escolhida que fará toda a diferença no caminho da beleza. Estabeleça âncoras, procure ajuda e, principalmente, esteja seguro do que você quer.

No próximo capítulo, falarei como você pode manter sua Energia da Beleza e o que pode nos afastar dela.

## ASSISTA PARA SEMPRE LEMBRAR

### Dicas para se sentir mais bonita

https://www.youtube.com/watch?v=1Is_ZJ2utqo

### Como influenciar pessoas

https://www.youtube.com/watch?v=a79tm0vAdD0

# 13.

# COMO MANTER SUA ENERGIA DA BELEZA

A primeira e talvez mais importante recomendação para manter a Energia da Beleza é fugir do que faz mal.

Quando você se conhece, sabe muito bem o que lhe faz mal. E tentar evitar isso é uma atitude muito saudável. O seu objetivo, portanto, deve ser sempre buscar tudo aquilo que faz bem. Evitar isso é importante porque drena muita energia boa que poderia ser direcionada para atividades que trazem bem-estar.

Se você convive no seu ambiente de trabalho, com uma pessoa que só critica e fala mal dos outros, relacione-se com ela o mínimo possível. Lembre-se de que você não vai conseguir mudá-la.

E no caso de ser impossível evitar um contato próximo, é preciso fortalecer-se para estar bem todas as vezes antes de falar com ela. Isso é importante para evitar que você seja impactado(a) negativamente, assim como para não deixar que sua Energia da Beleza seja abalada.

## O BOM TEM QUE SER FÁCIL, O RUIM DIFÍCIL

Você neste momento da leitura, já se conhece e tem definido o que é importante na sua estrada da beleza. Existem coisas e atitudes que lhe favorecem nesse caminho e outras, por sua vez, que levam a um distanciamento da beleza.

Tudo aquilo que lhe aproxima da sua beleza tem que ser fácil e prazeroso.

Por exemplo, você definiu que quer desenvolver sua

beleza física. Logo, faz parte dos seus planos a atividade física, então a academia da sua escolha deverá estar próxima do seu entorno, seja da sua casa ou do seu trabalho, de preferência fazer parte do seu itinerário. Ela deve estar situada o mais fácil e acessível possível, qualquer dificuldade ou contratempo pode lhe afastar do seu projeto e é exatamente isso que você deve evitar.

Ainda tendo a academia como referência, existem vários exercícios aeróbicos que lhe ajudarão a aumentar seu déficit calórico fazendo com que você perca peso, lembrando sempre, é claro se esse for seu interesse e seu intuito. No entanto, vamos considerar que detesta correr, porém, ama dançar. Dançar é prazeroso e um excelente exercício. Aí vamos ao ponto, porque o bom tem que ser fácil: dance, dance muito, dance até se esgotar. Pronto! Você cumpriu sua proposta fazendo somente o que gosta. Foi fácil!

Seguindo esse mesmo exemplo da beleza física, vamos supor que você ama chocolate, mas sabe que isso é incompatível com o seu objetivo (que é perder peso). Qual deverá ser sua atitude? Não tenha chocolate em casa, não compre, não deixe seu parceiro comprar, doe tudo. Se você não tiver disponível e algum grau de dificuldade para conseguir, maior a chance de manter-se em seu propósito.

## ATITUDES QUE NOS AFASTAM DA ENERGIA DA BELEZA

Uma coisa que todo mundo faz, mas que deveria evitar ao máximo, é reclamar. Tem coisa mais chata do que ficar ao lado de uma pessoa que só reclama? Se alguém tem uma postura negativa diante da vida e vive se queixando, não há como transmitir uma energia boa. E como para ela tudo é ruim, é muito fácil quem está ao seu lado se contaminar.

Há algum tempo fiz uma viagem e a mesa do jantar era coletiva e definitiva durante toda nossa estadia – quem já viajou de navio sabe o que estou falando. Junto da minha família sentaram-se duas senhoras, uma de 90 anos e outra de 72, que viajavam sozinhas e também não se conheciam antes da viagem. A senhora de 72, linda, vistosa, produzida, com diversos procedimentos estéticos muito bem-sucedidos. A senhora de 90, um exemplo como ser humano, um doce, magrinha, miudinha, mas com as marcas do tempo bem evidenciadas no seu rosto e em seu corpo. Fisicamente, a diferença entre as duas era gritante, muito maior que os 18 anos que as separavam. Ambas tinham uma situação econômica muito confortável, viúvas, família bem encaminhada, filhos e netos, e por conta própria assumiram que iriam aproveitar o resto da vida viajando.

Porém, o que me chamou a atenção foi o comportamento tão diferente de ambas. Para a senhora de 90, tudo estava bom, a viagem, a comida, o serviço, o navio lotado, tudo. Ela dançava, participava das gincanas, foi eleita a rainha do mar (confesso que fiquei realmente impressionado com tanta positividade).

Ao contrário, a senhora de 72 reclamou de tudo, tudo mesmo! Do navio, da fila, do calor, da mesa, do serviço, de tudo! A vida dela era reclamar, tanto que teve uma crise de hipertensão e por pouco não teve que ser transportada para terra.

Uma coisa que todo mundo faz, mas que deveria evitar ao máximo, é reclamar. Tem coisa mais chata do que ficar ao lado de uma pessoa que só reclama? Se alguém tem uma postura negativa diante da vida e vive se queixando, não há como transmitir uma energia boa. E como para ela tudo é ruim, é muito fácil quem está ao seu lado se contaminar.

Ficar do lado dela era um desafio de paciência e educação, porque uma nuvem negra de reclamação escondia toda a sua beleza e toda a sua linda história de vida. Como soube mais tarde, tratava-se de uma vencedora, mas, ela reclamava tanto que a memória que tenho dela é negativa, diferentemente da nonagenária que até hoje serve de exemplo de vida para mim. Quisera eu chegar ao fim da minha vida com tanta positividade.

E como faço para evitar reclamar? Interiorizando a ideia de que tudo tem um lado positivo. Como no exemplo acima, ambas estavam no mesmo ambiente, com o mesmo serviço, as mesmas pessoas, uma procurava aproveitar o melhor daquilo tudo, outra focou apenas no negativo. Porém, cabe a cada um de nós buscar olhar a parte boa.

E você, o que pode fazer para não ser uma pessoa que reclama? Reforço para você não esquecer: focando na sua mente a ideia de que tudo tem um lado positivo. E quando olhamos o que há de bom ao nosso redor, conseguimos projetar coisas boas em tudo que fazemos.

É importante lembrar aqui que não devemos ignorar o negativo. O negativo faz parte da vida, não há como fugir e principalmente como negar. Ressaltamos que devemos focar no positivo, pois sempre haverá os dois lados. Se você conseguir enxergar o lado positivo de uma situação, ela deixa de ser completamente adversa. Numa festa chata, pode ter um bom vinho e uma comida gostosa – pronto, a festa deixou de ser totalmente chata. A sua mente deve estar orientada a encontrar compensações para o que aparentemente estiver ruim.

Imagine sua vida como um ator em um palco. O figurino desse ator não está à altura da sua atuação, mas você, como diretor da peça, pode diminuir a iluminação e valorizar o som, assim consegue fazer com que a plateia se concentre mais no positivo, na atuação, e perceba menos o negativo, figurino. Compreende isso? Essa postura frente à vida é um condicionamento, que depende de consciência (saber e querer praticar) e de treinamento. Um bom treinamento leva à rotina e isso torna-se um hábito.

Outra postura que mata qualquer tipo de beleza é a acomodação. Imagine que você está infeliz no trabalho, com um chefe grosseiro e um amontoado de tarefas chatas. Só que não pode pedir demissão, porque não tem perspectiva de outro trabalho no momento e precisa do salário para pagar suas contas. Veja o salário como o lado positivo da situação. Ressignifique a remuneração como a parte boa desse emprego, e vá buscar outras coisas que lhe deem prazer, como ter um hobby ou brincar com o seu filho. Assim conseguirá aguentar a fase ruim. E também, é impossível que existam só coisas negativas no seu trabalho. O truque é tirar o foco do negativo, buscar o lado positivo e encarar a insatisfação como algo provisório, apenas uma fase. E busque em paralelo alguma coisa para mudar a situação, como procurar um novo emprego que faça você feliz. Perceba que, ao buscar o lado positivo, ressignificar o trabalho, entender isso como provisório e principalmente procurar mudar a situação, nem que seja internamente, você está tendo uma atitude proativa em relação àquilo que incomoda e isso o afasta da estagnação tão prejudicial à Energia da Beleza.

Imagine sua vida como um ator em um palco. O figurino desse ator não está à altura da sua atuação, mas você, como diretor da peça, pode diminuir a iluminação e valorizar o som, assim consegue fazer com que a plateia se concentre mais no positivo, na atuação, e perceba menos o negativo, figurino. Compreende isso? Essa postura frente à vida é um condicionamento, que depende de consciência (saber e querer praticar) e de treinamento. Um bom treinamento leva à rotina e isso torna-se um hábito.

O que muita gente faz, e não deveria, é negar os próprios sentimentos. Fingir que está tudo bem quando não está. Quem tenta esconder os sentimentos está sendo falso consigo mesmo e não está se respeitando. É importante, nesse momento, acolher seu sofrimento, ter compaixão consigo próprio e respeitar esse período mais difícil. Se o problema não tem solução naquele momento, tenha paciência até que consiga resolvê-lo. Não tem como esconder sentimentos incômodos quando você não está legal. E quando as coisas não estão bem, você precisa exteriorizá-las. (Vale a nota de que exteriorizar o momento ruim e saber pôr para fora, no lugar, na hora e com a pessoa certa, é diferente de reclamar). Se as coisas não estão bem para você, reflita sobre o que pode aprender com isso e compartilhe a situação com pessoas de confiança, ou seja, busque uma desintoxicação, de alguma forma. Se tem solução, busque a solução. Se não há solução naquele momento, pelo menos estará respeitando os seus sentimentos e sabendo aceitá-los. Assim, você cria condições de se libertar de uma energia que não é positiva e que causa mal-estar.

É ineficaz tentar dar conta de tudo. Não existe ser humano capaz de resolver todos os problemas e agradar a todos ao mesmo tempo. Quando você tenta fazer isso, se cobra, se estressa e não atinge o melhor que pode realizar. E o resultado é a frustração, sentimento bem negativo para nossa energia. Isso faz um mal tremendo para o seu corpo, sua vida, seu coração e para o seu eu. Se você consegue entender e priorizar as necessidades diárias que você mesmo, sua família e seu trabalho têm, determinando o que é viável naquele momento, e fazendo o máximo possível, você terá boas condições de colocar foco, intenção e ação em uma atividade por vez. Você deixa de lado o peso de querer abraçar o mundo e fazer tudo ao mesmo tempo. Torna-se produtivo e cheio de energia para fazer seus objetivos acontecerem. Assim vai conseguir fazer bem-feito cada meta que deseja para si, para somente depois partir para a seguinte.

Segundo a PNL, não existe nada totalmente desagradável. Em qualquer situação, pelo menos 1% do que houver nela é possível que você goste. Foque naquilo que dê prazer e não crie expectativas em relação ao resto.

## EXPECTATIVA PODE FAZER MAL

A expectativa que colocamos nos outros talvez seja o que mais nos afasta de receber a Energia da Beleza e consequentemente fazê-la fluir. E a razão é simples: não temos controle em relação ao comportamento deles. Quando crio uma expectativa, pode ser que aquilo que eu espero aconteça ou não. Tudo que depende do outro está fora do meu controle e a probabilidade de acontecer algo diferente do que eu desejo é grande.

Vamos falar sobre satisfação e sucesso: ao realizar algo, eu me satisfaço com a minha atitude, mas se eu consigo que outras pessoas se sintam satisfeitas, isso é sucesso (ele é importante, no entanto, depende do julgamento de terceiros). Ao separar esses dois pontos, entenderemos que a minha satisfação com o que realizo só depende do meu esforço, talento e dedicação, ou seja, eu estou no controle.

Vamos falar sobre satisfação e sucesso: ao realizar algo, eu me satisfaço com a minha atitude, mas se eu consigo que outras pessoas se sintam satisfeitas, isso é sucesso (ele é importante, no entanto, depende do julgamento de terceiros). Ao separar esses dois pontos, entenderemos que a minha satisfação com o que realizo só depende do meu esforço, talento e dedicação, ou seja, eu estou no controle. O que devemos buscar sempre é a nossa satisfação interior e não guiar nossa vida com base na aprovação dos outros. Então, busque a satisfação pessoal que o sucesso (reconhecimento do próximo) será consequência

O que devemos buscar sempre é a nossa satisfação interior e não guiar nossa vida com base na aprovação dos outros. Então, busque a satisfação pessoal que o sucesso (reconhecimento do próximo) será consequência.

Alinhar a expectativa com base na realidade é bem importante. Tente diminuir as expectativas ao máximo, se empenhe nas coisas que acredita e que lhe dão satisfação e não fique esperando o aplauso geral. Para dimensionar as expectativas é necessário entender o motivo real que leva você a fazer o que está fazendo. Você está em busca de algo para o próximo ou para si? Quer ser bonita para as outras pessoas ou para si mesma?

Se eu tento agradar uma pessoa, baseado no gosto dela, serei falso comigo, além de criar expectativa de que a reação será favorável. E o mais provável é que, além de não me respeitar, eu me frustre. Ao insistir nesta imagem dissonante, não conseguirei transmitir a Energia da Beleza.

Você não vai agradar o outro o tempo todo, se não for verdadeiro consigo mesmo. Faça bem-feito o que fizer, tenha satisfação por aquilo que realizar.

## QUANTO CUSTA MANTER A ENERGIA DA BELEZA?

Se a beleza é um valor para você, o trabalho de manter a Energia da Beleza não deverá representar um esforço e um custo. Quem gosta de fazer academia não pensa nunca que dá trabalho ir se exercitar. Já para quem aprecia ler, não acha cansativo ler um livro.

Pode ser que a manutenção da beleza exija disposição, dinheiro e tempo, mas tudo isso é relativo conforme o grau de bem-estar que a Energia da Beleza pode nos proporcionar. Sendo assim, defina o quanto a beleza é importante para você e não para os outros e aja de acordo com o que deseja para desenvolvê-la.

Ninguém tem a obrigação de manter a beleza. Ou você quer ou você não quer. É uma escolha simples. É sempre muito importante sermos verdadeiros conosco para que a Energia da Beleza flua.

Não existe beleza quando as coisas são forçadas. Outro dia, na academia, vi uma moça suada, com ar de extremo cansaço, sofrendo para treinar. Ela dizia: "Odeio musculação". E quem disse que só existe musculação como atividade física? Ela poderia praticar qualquer outra coisa que lhe desse prazer. Por outro lado, nas Olimpíadas de 1984, a suíça Gabriela Andersen-Schiess emocionou o mundo pela beleza da sua atitude de persistência em completar a maratona feminina. Embora com o corpo todo torto e com o sofrimento estampado no rosto, ela estava bela, naquele esforço monumental de superação, tentando a todo custo completar a prova.

E aí pergunto de novo: quanto custa manter a beleza? Para Gabriela Andersen-Schiess, custou muito, mas foi uma das cenas mais comoventes e belas já vistas.

Gabriela Andersen-Schiess *nas Olimpíadas de 1984*
*(Foto: Agência AP)*

A atitude dessa atleta causou bem-estar porque foi verdadeira. Apesar de toda dor e todo sofrimento que demonstrava, a energia que passava era muito positiva, pois tinha a ver com seu esforço, sua determinação e seu compromisso em terminar aquilo que ela havia se proposto. E fez todo sentido para ela aplicar todo aquele empenho, que estava alinhado com os seus valores e com o que desejava. E essa verdade encantou e marcou o mundo todo, sendo lembrado até hoje, mais de 30 anos depois, como exemplo de força e dedicação

Você, ao definir a importância e o tipo escolhido da sua Energia da Beleza, tem que ter bem lúcidas essas escolhas e fazê-las de maneira consciente para alinhar a sua vontade com seu esforço, assim tudo fará sentido e deixará de ser sofrido – passa a ser uma opção. Assim como as pessoas que adoram fumar. Mas, ao longo do tempo, o hábito de fumar trará uma série de problemas que podem superar o prazer de fumar. Tudo é uma questão de escolha. Então, o que você deve fazer é pôr na balança e verificar o que é mais valioso: manter a saúde (e saúde é beleza) ou continuar curtindo o prazer de fumar (que causa doenças).

## O QUE SE PERDE E O QUE SE GANHA

Faz parte do custo, na manutenção da Energia da Beleza, ponderar o que se perde e o que se ganha. Quando você adota um comportamento em prol da sua beleza, seguramente terá que evitar alguns comportamentos que o afastam desse propósito, como a bebida alcoólica. O álcool é muito danoso à saúde, principalmente se consumido em quantidades elevadas e frequentes, porém, grande parte do convívio social está baseada em reuniões, confraternizações em que o álcool é um elemento essencial. Quando você opta pela saúde, seu consumo de álcool deve ser mínimo ou, sendo mais radical, não existir. Só que isso afasta você desses ambientes sociais. Por isso é importante ponderar e decidir o que você quer e qual custo está disposto a pagar. Personalidades que vivem do corpo, da imagem, se esforçam para manter esse padrão e preferem abrir mão de um copo de chope, preferem desfrutar de outro tipo de ganho – por exemplo, manter um abdômen sarado. É uma escolha voluntária e acertada, dentro daquilo que acham importante.

Você, ao definir a importância e o tipo escolhido da sua Energia da Beleza, tem que ter bem lúcidas essas escolhas e fazê-las de maneira consciente para alinhar a sua vontade com seu esforço, assim tudo fará sentido e deixará de ser sofrido – passa a ser uma opção. Assim como as pessoas que adoram fumar. Mas, ao longo do tempo, o hábito de fumar trará uma série de problemas que podem superar o prazer de fumar. Tudo é uma questão de escolha. Então, o que você deve fazer é pôr na balança e verificar o que é mais valioso: manter a saúde (e saúde é beleza) ou continuar curtindo o prazer de fumar (que causa doenças).

Na manutenção da beleza, é necessário compreender o que faz bem e o que faz mal, para poder tomar as melhores decisões. Às vezes é preciso abrir mão de uma atitude de prazer para se afastar de uma consequência de desprazer.

Para qualquer decisão, é preciso trocar o "eu preciso" pelo "eu quero". Nosso cérebro entende "eu preciso" como uma obrigação externa. Quem disse que você precisa? Agora, quando você transforma para "eu quero" sua compreensão interna é outra, é sua vontade interior. Seguir o que escolheu para si vai trazer-lhe recompensas e benefícios pelos quais vale a pena lutar. Eu quero melhorar a minha saúde (afirmando dessa forma, eu internalizo) e não eu preciso (quem disse?) melhorar a minha saúde. Dessa forma, a motivação tem que estar alinhada com a sua vontade, deixando, assim, a Energia da Beleza se manifestar.

No próximo capítulo, vou falar de dois possíveis caminhos para você trabalhar sua Energia da Beleza.

## ASSISTA PARA SEMPRE LEMBRAR

### 3 atitudes que acabam com a nossa energia

https://www.youtube.com/watch?v=qGRXl87GBsk&t=66s

### Risque o “não” da sua vida

https://www.youtube.com/watch?v=js373-kvEhU&t=9s

# 14. ESCOLHA O SEU CAMINHO PARA A ENERGIA DA BELEZA

Na minha família o trabalho sempre foi algo muito valorizado. Desde pequeno, cresci com o conceito de que trabalho era necessário para conseguir as coisas, realizar nossos sonhos, evoluir e se tornar uma pessoa melhor. Como dizia Calvino, o trabalho engrandece o homem e esse é um valor que carrego até hoje. Nada mais justo que trazê-lo para nosso livro.

Segundo a Física, trabalho é o resultado da força aplicada versus a resistência encontrada. É assim na Física, é assim na nossa vida. O resultado do nosso trabalho é dado pela força que aplicamos nas nossas atividades, multiplicado pela resistência que encontramos para realizá-las. Por exemplo, num procedimento de lipoaspiração, o trabalho é diretamente proporcional à quantidade e a característica de gordura localizada que eu vou aspirar (resistência). Então a força que eu preciso empregar para atingir o resultado que espero está fortemente ligada a isso. Quanto mais árduo é o trabalho, mais resistência ele tem e mais força tenho que fazer. Isso vale para qualquer outra profissão.

Mas o que tem a ver o trabalho com a Energia da Beleza? Tudo! Eu explico: para mantermos nossa energia ativa é necessário trabalho, pois diariamente somos confrontados com a resistência da vida cotidiana.

E o que é a resistência da vida cotidiana? São os desafios que encontramos ao longo do nosso caminho: envelhecer, tristeza, luto, dificuldade financeira, doenças, tudo aquilo que nos afasta do belo, podemos classificar como resistência.

E o que podemos colocar como força? São as atitudes necessárias para vencer essa resistência: amor-próprio, libido, força de vontade, resiliência, autoconhecimento.

Se quisermos, nós podemos desenvolver todas elas para que sejam o fator força para nos manter belos e com nossa Energia da Beleza ativa e positiva.

Assim, nessa fórmula, o trabalho equivale a Energia da Beleza. Força é aquilo que precisamos para vencer a resistência dos desafios cotidianos. Pensando dessa forma, podemos programar nossas ações.

Para exemplificar, vou contar duas histórias de pessoas que colocam em prática de maneira diferente essa perspectiva.

Dois pais de família, íntegros e honrados. O primeiro, Sr. C., profissional liberal, muito inteligente, construiu sua vida com bastante esforço e dedicação. Ele sempre deu enorme importância para as dificuldades, ou resistência, como queira chamar, e isso impactou profundamente sua vida. Isso porque como a resistência sempre foi grande, a força que ele necessitou colocar para conquistar as coisas sempre foi proporcional à resistência que ele encontrava. Ele se mantinha belo e tinha sua Energia da Beleza presente, mas sempre à custa de muito esforço.

Outro caso é o Sr. G., da mesma idade que o Sr. C., também profissional liberal, muito bonito (lembre-se que beleza é causar bem-estar no próximo) e com uma história de vida riquíssima e repleta de realizações. Porém, diferente do Sr. C., ele encarava a resistência da vida com mais naturalidade, sem dar tanta importância, simplesmente como algo a ser superado. Consequentemente, ele empregou muito menos força durante sua vida toda e isso é notório quando comparamos os dois:

E o que podemos colocar como força? São as atitudes necessárias para vencer essa resistência: amor-próprio, libido, força de vontade, resiliência, autoconhecimento. Se quisermos, nós podemos desenvolver todas elas para que sejam o fator força para nos manter belos e com nossa Energia da Beleza ativa e positiva.

Assim, nessa fórmula, o trabalho equivale a Energia da Beleza. Força é aquilo que precisamos para vencer a resistência dos desafios cotidianos. Pensando dessa forma, podemos programar nossas ações.

a força e a energia empregada por eles são muito diferentes e a repercussão que isso traz na vida de cada um é clara. Todos que convivem com eles são capazes de perceber.

Ok, agora vamos colocar em prática esses exemplos. Se definirmos como importante para nós a manutenção da Energia da Beleza, precisamos dimensionar a força que vamos empregar e a resistência que vamos encontrar, já que esses dois aspectos estão sob o nosso controle.

Se assim como o Sr. C. se eu não me importar com a força que vou gastar, a resistência é irrelevante, ou seja, independentemente do desafio encontrado, eu sei que dentro de mim existe a força necessária e vou usá-la custe o que custar. Agora, se não estou disposto a gastar essa força e pretendo atingir o resultado esperado, mas prefiro poupar energia, preciso redimensionar ou ressignificar minhas resistências, como o Sr. G fez. Dar menos importância aos problemas não faz deles menores. O foco é que eles tornem menos significantes – consequentemente menos energia é necessária para superá-los.

Entenda, não estou afirmando que um é melhor que outro, estou apenas mostrando os dois caminhos que você tem disponíveis. Cabe a você escolher o que mais faz sentido na sua busca pessoal pela Energia da Beleza.

Para deixar esse capítulo ainda mais claro, vou usar o envelhecimento como exemplo. Todos nós vamos envelhecer, isso é fato. O único caminho para evitar o envelhecimento é morrer precocemente, mas essa não é uma boa opção, pelo menos para mim.

Se o envelhecimento é uma resistência à minha Energia da Beleza, eu posso escolher a força que quero aplicar para retardá-lo. Eu posso lançar mão de todos os recursos disponíveis para minimizar o seu efeito: consultar um dermatologista, cirurgião plástico e nutricionista, ter um *personal trainer*, fazer reposição hormonal, etc. Mesmo sabendo que tudo isso vai exigir bastante esforço, se houver um alinhamento com a minha vontade, deixa de ser esforço e passa a ser prazer. Isso é muito comum – pessoas que têm como propósito envelhecer com excelência. Esse esforço e cuidado todo lhe trazem bem-estar e essa energia repercute ao seu redor.

O outro lado também é verdadeiro e deve ser valorizado. Qual é a estratégia que deve ser utilizada para as pessoas que não querem investir tempo e força para conter o envelhecimento? É minimizá-lo (diminuir a resistência)! Relativizar o envelhecimento, não se importar com ele e fazer dele um problema menor. Ele não deixará de existir, mas se tornará insignificante. Logo, a força que alguém precisa fazer para conviver com ele é pequena.

Perceba, querido(a) leitor(a), que tudo é uma questão da importância que damos às resistências (problemas) da vida. Se um problema é grande, você pode escolher aplicar uma grande força para vencê-lo. Se você fizer uma escolha consciente e conseguir diminuir a importância dele, gastará muito menos força. Aonde você se enquadra? Responda sinceramente e siga seu caminho, pois a Energia da Beleza estará presente nas duas situações.

Se o envelhecimento é uma resistência à minha Energia da Beleza, eu posso escolher a força que quero aplicar para retardá-lo. Eu posso lançar mão de todos os recursos disponíveis para minimizar o seu efeito: consultar um dermatologista, cirurgião plástico e nutricionista, ter um personal trainer, fazer reposição hormonal, etc. Mesmo sabendo que tudo isso vai exigir bastante esforço, se houver um alinhamento com a minha vontade, deixa de ser esforço e passa a ser prazer. Isso é muito comum – pessoas que têm como propósito envelhecer com excelência. Esse esforço e cuidado todo lhe trazem bem-estar e essa energia repercute ao seu redor.

No próximo capítulo, trago um caso real de uma pessoa que passou por uma transformação muito positiva ao ter contato com os conhecimentos e práticas que trouxe para você neste livro.

**ASSISTA PARA SEMPRE LEMBRAR**

### Como envelhecer de maneira saudável?

https://www.youtube.com/watch?v=8kDqzSSkF8g&t=45s

### Envelhecimento é doença?

https://www.youtube.com/watch?v=aadPNhE82JM

# 15. UMA HISTÓRIA REAL

Gostaria de compartilhar com você leitor(a) algo que aconteceu durante o período em que este livro estava sendo escrito. Um livro leva bastante tempo para ser finalizado, desde sua concepção até sua impressão são vários meses e até anos de trabalho, trabalho esse que envolve diversas pessoas, escritor (eu), *book advisor*, editor, revisor, crítico literário, capista, diagramador, entre outros, um livro envolve mais de 10 pessoas diretamente, e tantas outras, indiretamente.

E uma dessas pessoas tem uma história fantástica que quero compartilhar com vocês, mesmo antes do livro pronto ele já impactou positivamente a vida de alguém. Posso dizer que já cumpriu seu papel ao mostrar que a beleza é benéfica, que não se trata só aparência, que pode melhorar muito a qualidade vida de todos. Sendo que também, os benefícios são sentidos pela própria pessoa e por todos que estão ao seu redor.

Vou preservar seu nome e sua posição por uma questão de respeito. Eu a chamarei de E.. E. é uma pessoa sensacional, muito bem resolvida, papo agradável, bem-sucedida, possui excelente formação acadêmica, família estável, casamento ótimo, boa profissional, tudo estava bem, mas beleza para ela estava restrita apenas a questão intelectual e social, ambas muito bem desenvolvidas. Cuidados com sua saúde física e aparência eram vistos, por ela, como algo supérfluo, quase desnecessário.

Essa pessoa participou de quase todos os processos de confecção do livro. Cada novo capítulo e conceito discutidos despertavam algo novo nela. Foram diversos *insights*, seguidos e repetidos que a fizeram despertar para uma preocupação pessoal que até então ela não tinha.

Vou preservar seu nome e sua posição por uma questão de respeito. Eu a chamarei de E.. E. é uma pessoa sensacional, muito bem resolvida, papo agradável, bem-sucedida, possui excelente formação acadêmica, família estável, casamento ótimo, boa profissional, tudo estava bem, mas beleza para ela estava restrita apenas a questão intelectual e social, ambas muito bem desenvolvidas. Cuidados com sua saúde física e aparência eram vistos, por ela, como algo supérfluo, quase desnecessário.

Essa pessoa participou de quase todos os processos de confecção do livro. Cada novo capítulo e conceito discutidos despertavam algo novo nela. Foram diversos insights, seguidos e repetidos que a fizeram despertar para uma preocupação pessoal que até então ela não tinha.

Na última reunião, antes de finalizar o livro, quis compartilhar conosco, algumas transformações em sua vida. Depois do livro percebeu que não podia mais negligenciar sua saúde, que o físico impactava diretamente na sua aparência e também na sua qualidade de vida.

Passou a praticar exercícios regulares, diminuiu o excesso de comida (sem nenhuma abdicação cortando apenas o excesso), eliminou da sua vida mais de 20 kg no intervalo de 1 ano. E o mais interessante dessa história é que tudo foi feito de maneira espontânea e natural, sem que para isso precisasse abrir mão dos seus comportamentos positivos anteriores. Suas belezas intelectual e social ainda são cultivadas, sem nenhum prejuízo, apenas acrescentou a isso o cuidado físico, e isso é notório, sem dizer uma palavra todos que estão ao seu lado percebem e sua Energia da Beleza contagia.

Mais legal ainda foi E. relatar que com essa modificação todos na sua casa também mudaram. Essa mudança também impactou a todos que convivem com E.

Vou lhes confessar algo muito forte para mim, quando comecei a pensar em escrever esse livro esse era meu sonho: ouvir este tipo de relato. É essa transformação que eu esperava causar, e ainda espero, com mais e mais pessoas. De certa forma já causo isso com minhas cirurgias, mas sempre achei que poderia causar mais e sem a necessidade de operar ou submeter a qualquer procedimento, apenas mostrando meu conceito de beleza, algo muito maior que a aparência, ou a estética, algo energético.

Já estou realizado, mas ainda não estou satisfeito, ainda não. Só vou me satisfazer quando milhares, dezenas de milhares, centenas de milhares de pessoas entenderem e praticarem para benefício próprio e daqueles que estão ao seu lado que a Energia da Beleza é algo acessível, basta querer, independente de quem você seja, sua beleza está aí com você, basta mostrá-la!

# CONCLUSÃO

Estimado(a) leitor(a), agora que nós chegamos até aqui e você já sabe o que significa a Energia da Beleza e por quais razões ela traz tanto bem-estar e como essa energia está disponível dentro de você, é importante que utilize as estratégias e as ações que compartilhei com você ao longo dos capítulos para desenvolver e cultivar essa energia no seu dia a dia e fazer desse desenvolvimento um hábito diário e contínuo. Ou seja, propus um caminho para você se conectar e trabalhar bem a sua Energia da Beleza. Agora, é o momento de você colocar em prática todo esse aprendizado. E como se faz isso?

Toda mudança só se realiza verdadeiramente quando transformamos a nossa forma de pensar, isto é, quando mudamos o nosso *mindset* (apesar de este ser um termo batido e às vezes mal utilizado, até banalizado, aqui no nosso caso é a melhor maneira de explicar a mudança interna que precisamos fazer). Neste caso devemos deixar de relacionar a beleza somente à aparência e padrões estéticos, mas sim internalizar que todos podemos ser bonitos(as), ao ativarmos da forma correta a nossa Energia da Beleza, que é única e individual, ou seja, que nos torna diferentes e especiais.

Tenho certeza que, se você chegou até aqui, este humilde livro lhe mostrou que sim, a Energia da Beleza é realmente muito poderosa e tem a capacidade de mudar sua vida e sua relação com o mundo e com as pessoas. Portanto, a construção de um novo *mindset*, voltado a essa energia, só se dará a partir do momento em que você decidir que quer ser uma pessoa melhor, que quer usufruir desse benefício e,

**Toda mudança só se realiza verdadeiramente quando transformamos a nossa forma de pensar, isto é, quando mudamos o nosso *mindset* (apesar de este ser um termo batido e às vezes mal utilizado, até banalizado, aqui no nosso caso é a melhor maneira de explicar a mudança interna que precisamos fazer). Neste caso devemos deixar de relacionar a beleza somente à aparência e padrões estéticos, mas sim internalizar que todos podemos ser bonitos(as), ao ativarmos da forma correta a nossa Energia da Beleza, que é única e individual, ou seja, que nos torna diferentes e especiais.**

em seguida, colocar gradativamente tudo o que discutimos em prática. Depende exclusivamente de você. Basta querer, pois recursos você tem.

Sabemos que, muitas vezes, falar é mais fácil do que agir, pois a vida nos coloca muitos obstáculos e desafios. Porém, se estivermos verdadeiramente comprometidos com o nosso crescimento pessoal, conseguiremos aumentar a nossa resiliência e não deixaremos essas dificuldades atrapalharem a nossa caminhada rumo à Energia da Beleza.

Reforço que quando você consegue compreender a sua verdade e os seus valores, alinhando, respeitando e acolhendo todas as suas características, no momento de vida em que se encontra, no contexto em que vive, e decide buscar a sua melhor versão, a sua beleza aparecerá. É simples assim. Porque a beleza só se manifesta na coerência.

Seguir o que discutimos neste livro fará você elevar a qualidade de sua relação consigo mesmo e com as pessoas ao seu redor. Por quê? Porque todos que são conscientes da força da sua Energia da Beleza e também sabem como vivê-la no dia a dia, levam muito bem-estar por onde passam. É a energia fluindo, um verdadeiro magnetismo que emana do coração, que cria uma conexão positiva com o outro e nos torna pessoas melhores.

Espero ter ajudado você a encontrar-se, valorizar-se e amar-se, pois este é o meu propósito de vida – ajudar as pessoas se sentirem únicas e belas. Gratidão!

# POSFÁCIO

Ouvi um *podcast* do Prof. Cortella, explicando a diferença entre falar de um assunto e falar sobre um assunto e a explicação fez todo sentido para mim. Ali, naquele momento entendi que a real razão de me sentir capacitado para escrever este livro é ajudar as pessoas a serem mais bonitas. Já faço isso com minhas cirurgias, mas acho que posso fazer mais e por mais pessoas.

Ele explica a diferença de maneira bem clara e eu vou tentar passar aqui minha impressão: falar "sobre" algum assunto é falar de fora dele, é emitir sua opinião de maneira externa; no entanto, falar "de" um assunto, somente cabe a aqueles que estão dentro desse tema.

Para exemplificar, ele usa como referência o racismo: um homem branco pode falar "sobre" racismo, mas nunca "de" racismo pois, jamais vivenciou na pele o que é sofrer esse preconceito, o homem branco pode ter a experiência de ter estudado, presenciado, ouvido, mas ele é incapaz de falar "de" pois, ele nunca esteve e nem estará no papel da vítima.

Explicarei, aqui, a você os motivos pelos quais valorizo a beleza; como esse universo está entrelaçado com a minha história. Contarei de onde eu vim e, porque me senti capaz de apresentar a você a Energia da Beleza e mostrar como ela pode ser usada em seu benefício.

Meu nome é Victor Cutait, sou médico, cirurgião plástico, professor de medicina, *Master Practitioner* em PNL e formado em *Coaching*. Sou casado, pai de três filhos, filho de um psiquiatra e uma pedagoga. Mas não é esse tipo de apresentação que quero que você grave sobre mim. Minha melhor apresentação (a que mais me define) são meus valores, que explicarei a seguir.

Na programação neurolinguística valores são nossos bens mais preciosos (mais adiante descreverei melhor). São aqueles princípios que nós realmente acreditamos e estão enraizados em nosso ser, o que sustenta nossa identidade. É através dos nossos valores que boa parte da nossa conduta se define.

Beleza é um valor muito importante para mim. Cresci numa casa que a valorizava, fui beneficiado pela beleza durante toda a minha vida e tive contato também com o seu lado negativo. Aprendi como a beleza pode trazer benefícios e malefícios dependendo do contexto que se aplica.

Vou dividir com você a seguir, essa contextualização da beleza em três partes da minha vida. A partir daí, será possível compreender como faz muito sentido o meu querer: que você se torne mais bonito(a).

## A PRESENÇA DA BELEZA NA MINHA INFÂNCIA E ADOLESCÊNCIA

Eu sempre vivi no universo da beleza e ela acabou por se tornar um valor de vida.

A beleza sempre esteve presente em nossa família. Desde na decoração da casa, na escolha das roupas, no cuidado e no bom gosto no preparo das refeições. Inclusive, muito presente na priorização da manutenção de uma boa saúde física e psicológica de todos os membros da família. E somos também uma família de pessoas sociáveis.

Sou nascido e criado em Itu, cidade do interior do estado de São Paulo. Como toda boa cidade do interior bastante provinciana, meu pai, também nascido e criado lá, nos conta com orgulho ter sido considerado o bebê mais bonito daquela região em sua época. Veja que mesmo antes de eu nascer minha família já valorizava a beleza. Realmente devo ser sincero que a foto do meu pai bebê é uma pintura. Continuemos.

Meu pai foi estudar Medicina na cidade de Marília e depois fez sua especialização em São Paulo, capital, onde conheceu minha mãe – uma morena maravilhosa, como ele a descreve até hoje. Na época ela trabalhava como modelo de prova em uma rede de lojas bem famosa em São Paulo. Para isso, o pré-requisito básico era ser praticamente perfeita (veja quão tamanha era a exigência do perfil de modelo para essa atividade naqueles tempos, seria hoje o equivalente a uma modelo de passarela).

Desde muito cedo, participei de eventos relacionados com beleza.

Eu era um menino bonitinho. Na época, as donas das lojas solicitavam às mães que levassem os filhos mais bem-apessoados para participar dos desfiles das coleções de peças. Eu tinha cinco anos quando desfilei pela primeira vez para a loja Maria Filó.

Minha mãe era quem me incentivava e meu pai acho que até gostava, mas ele trabalhava muito, era raro que tivesse tempo de acompanhar as minhas apresentações. Na verdade, lembro-me pouco do meu pai na minha infância. Sei que ele trabalhava bastante. Era psiquiatra, mas naqueles tempos não havia muitas divisões entre as especialidades médicas e ele acabava atendendo também como clínico geral. Era o médico da cidade. Ambos eram entusiastas no universo da beleza. Meu pai é alto, de olhos azuis, tem porte atlético, tem orgulho em dizer que foi o bebê mais bonito da cidade; minha mãe, morena lindíssima, trabalhou como modelo em sua juventude na década de 1960. Portanto, vê-se que os cuidados relacionados com a estética sempre foram muito valorizados na minha casa. Minha mãe especialmente, por ter uma natureza muito visual e bom gosto, sabe combinar as roupas e sempre fazia questão de que eu e os meus dois irmãos estivéssemos bem arrumadinhos.

Sou o filho do meio. Meus irmãos também são homens lindos e valorizam muito a beleza, mas coube a mim a maior harmonia entre a genética do meu pai e da minha mãe. Nas nossas brincadeiras familiares, falo que fiquei só com o melhor de cada um. (Brincadeira para provocar irmão).

Acrescente-se que minha avó materna era esteticista, uma das primeiras que se dedicaram a essa carreira no país, na década de 1970, quando se começava a dar mais importância a essa profissão. Talvez ela fosse a pessoa que trazia a questão da beleza mais fortemente para dentro de casa. Eu era o neto mais próximo dela e quando ela ia fazer cursos fora e me levava junto. Na volta, treinava os novos procedimentos em mim. Esse convívio, também contribuiu para criar a minha forte ligação com a beleza.

O que me fez estudar a beleza foi buscar entendê-la como um todo, e não apenas no sentido da aparência física.

Há mais filosofia neste estudo do que você pode imaginar.

O contato precoce com esse universo formou minha identidade e me mostrou o quanto a beleza pode ajudar, proporcionando várias oportunidades e benefícios em nossa vida. Mas, me mostrou também o quanto ela pode ter um lado negativo – o quanto ela pode ser explorada e pouco reconhecida quando é apenas superficial. A beleza é um valor, com aspectos positivos e negativos, e é preciso aprender a lidar com essas questões.

Como você poderá observar, posso garantir que nem tudo foram flores. Na escola, por exemplo, desde muito cedo, eu acabava ficando isolado por ser o mais bonito da turma. No convívio entre adolescentes passei também por certas dificuldades, em razão de ter continuado a desfilar até os 17 anos. Também fui discriminado na faculdade. Foi essa dificuldade que fez acender no meu peito a convicção de que não precisava passar por aquilo. Eu tinha mais do que somente a beleza física para me valer. Claro que foram necessários alguns anos de terapia para me ajustar nesse posicionamento pessoal. É importante levar em conta também, que eu sempre fui uma pessoa sociável e sempre cuidei bem da minha saúde física e psicológica.

Mas voltemos um pouco. Quando eu tinha 16 anos, venci um concurso de beleza no interior de São Paulo, que dava direito a um contrato com uma agência grande, na capital.

O que me fez estudar a beleza foi buscar entendê-la como um todo, e não apenas no sentido da aparência física. Há mais filosofia neste estudo do que você pode imaginar.

Assinei o contrato, fiz o book da agência, que custou ao meu pai 400 dólares (uma quantia "salgada" para a época). O pessoal da agência considerou o meu perfil bastante adequado, já que eu era alto, magro e zelava pela aparência e pelas atitudes. Produziram o book fotográfico e me mandaram aguardar. Voltei para Itu e a vida seguiu. Naquele tempo não havia telefone celular e a comunicação era mais lenta. Um dia, não muito tempo depois, ligaram para a minha casa avisando que seria feita uma seleção e me convocavam para estar em São Paulo num dia determinado, às 14 horas. Fiz todo o meu planejamento para a logística do deslocamento, contando que teria que sair mais cedo da escola, pegar um ônibus para São Paulo, sendo que naquele tempo não havia muitos horários para escolher. De todo modo, me preparei e fui.

Ao chegar em frente da casa onde seria realizada a seleção, me deparei com uma fila de candidatos. Eram todos muito mais bonitos do que eu, um pouco mais velhos, já com cara de homens feitos. Gente bonita de verdade. Pela minha cabeça de quase menino passava uma pergunta: "O que eu estou fazendo aqui?!" De qualquer modo, me apresentei à equipe, entreguei uma foto padrão que se usava na época, com os dados sobre altura, peso, etc. A secretária da agência, moça simpática e educada, recebeu o material e me mandou aguardar. Depois de um tempo, chamaram meu nome e entrei. Três pessoas estavam na sala. Uma negra linda, talvez uma das mulheres mais bonitas que já vi, um rapaz meio gordinho e uma moça de estilo mais alternativo. Os três olharam para mim, sem muita atenção e apenas disseram:

— Tire a camisa.

Estranhei, mas atendi ao pedido. Tirei a camisa. Eles me observaram por alguns segundos e simplesmente comentaram:

— Tá bom.

Em seguida me mandaram sair da sala. Fiquei meio perdido. Dirigi-me à secretária da agência e perguntei o que aconteceria em seguida. Ela me respondeu:

— É isso.

— Como assim, é isso? — retruquei. — Nem perguntaram meu nome, não conversaram comigo, apenas me mandaram tirar a camisa!

Ela me olhou, serenamente, deu uma risadinha e comentou:

— Você está começando, né?

Minha resposta:

— Começando? Não. Terminando! Eu não vou me sujeitar a esse tipo de coisa.

Eu me sentia humilhado, que havia sido tratado como objeto, como coisa. Considerando que a seleção fosse demorada, eu comprei a passagem para o fim do dia. Fui para a rodoviária do Tietê, magoado, com frio, só de camiseta branca e calça jeans e fiquei ali esperando dar a hora da partida do ônibus. Cheguei em casa irritado e cheio de raiva, às dez da noite, já avisando que nunca mais participaria de uma seleção. Tinha a nítida sensação de que se tratava de uma "picaretagem" para tirar dinheiro dos participantes. Foi o choque de compreender, como é difícil ser bonito, e como existem pessoas que usam a beleza como comércio. Esse foi meu primeiro grande aprendizado com a beleza:

ela tem que ser completa. Beleza vazia, superficial, não é respeitada e valorizada. Ali eu percebi que eu tinha mais a contribuir do que apenas desfilar e tirar fotos. Nada contra quem faz isso. Respeito e sei o quão duro é trabalhar nesse mundo. Hoje aplaudo quem consegue, mas para mim não servia. Eu queria mais.

Agradeço aquela experiência, pois de certa forma ela me levou a ser o que sou hoje. Foi por conta dela que escolhi ser médico e cirurgião plástico.

A partir daí, não me envolvi mais com esse mundo. Chegaram a telefonar outras vezes para me convidar, mas não aceitei. Estava convicto que havia coisas mais importantes para a minha vida – foi quando percebi que precisava estudar, aprender mais.

Sempre tive facilidade na escola e sempre era aprovado, embora não fosse um dos primeiros alunos. Mas entendi que o meu caminho como filho de médico, era aceitar que meu pai não tinha herança para deixar para mim, a não ser o estudo.

## MINHA FORMAÇÃO COMO CIRURGIÃO PLÁSTICO

Meu pai sempre se preocupou muito com a minha educação e a dos meus irmãos. Aos 16 anos me levou para fazer um teste vocacional com uma psicóloga que trabalhava com ele no Departamento de Psiquiatria e Saúde Mental da Prefeitura de Itu. Quando ela fez a análise e obteve o resultado, telefonou para o meu pai:

Foi o choque de compreender, como é difícil ser bonito, e como existem pessoas que usam a beleza como comércio. Esse foi meu primeiro grande aprendizado com a beleza: ela tem que ser completa. Beleza vazia, superficial, não é respeitada e valorizada. Ali eu percebi que eu tinha mais a contribuir do que apenas desfilar e tirar fotos.

— Doutor, temos um problema.

Meu pai:

— O que foi que o Victor fez desta vez?

— O que fez, não. O que ele pode fazer. O Victor é uma exceção. Ele tem habilidades para todas as áreas: Humanas, Exatas ou Biológicas. O teste deu 99,1% inconclusivo e, por isso, não consigo direcionar para uma área específica. Tudo indica que ele pode se encaminhar para qualquer uma das áreas.

Estávamos no início da década de 90, e na época não havia a extensa opção de cursos universitários que existem hoje. Homens, de modo geral, iam cursar Direito na área de Humanas, Medicina na área das Biológicas e Engenharia ou Administração na área de Exatas. Meu pai só comentou para a psicóloga:

— Deixe comigo que eu vou aplicar o meu teste vocacional.

E me levou para conhecer a prática de várias atividades profissionais. Acompanhei, por exemplo, um advogado, um engenheiro, depois um arquiteto, entre outros. Cheguei a passar alguns dias na Bolsa de Valores. Até gostei de algumas profissões. Talvez a que mais me fascinou tenha sido a arquitetura. O profissional com quem estive desenhava muito bem, tinha uma noção estética muito apurada e eu me entusiasmei. Era uma carreira atraente e o curso parecia ser mais fácil de entrar no vestibular (do que Medicina). Apesar de ter uma atração quase congênita pela Medicina porque vivia em casa essa disciplina, eu tinha receio de não conseguir passar no vestibular, sabidamente muito difícil.

Meu pai, nessa época, costumava dedicar algum tempo para ensinar os filhos a dirigir. Cada dia levava um de nós para dar umas voltas de carro, normalmente quando íamos visitar a avó. Às vezes eu me recusava, dizendo que não queria visitá-la. Ele dizia:

— Não perguntei se você quer ir. Eu disse que vamos visitar sua avó.

E apresentava a isca:

— Você vai dirigindo.

O chamariz era fantástico e eu não resistia. Na verdade, era uma estratégia dele para ficar a sós com cada filho e descobrir como a gente estava, o que pensávamos, com quem saíamos, se fazíamos algo errado – por exemplo, se estávamos usando drogas. Uma hora por semana, ao volante, com ele ao lado, era uma espécie de sessão de anamnese. E nós, como ainda éramos moleques, nem percebíamos a trama, porque estávamos ocupados com a direção do carro.

Num desses trajetos, mencionei ao meu pai que queria ver como era a Medicina. Comentei com ele que tudo o que eu tinha visto era interessante mas, que nada tinha definitivamente captado a minha atenção. Além disso, sempre gostei de lidar com pessoas.

Apesar de não ter muitos amigos, eu me destacava no ambiente social. Gostava, e gosto, de conversar – na escola era escolhido para representante de classe para ser o orador no final do ano.

Eu já estava com 16, quase completando 17 anos, cursando o segundo ano do Ensino Médio e tudo isso acontecia paralelamente, com os desfiles e com a entrevista para seleção de modelos. Era realmente um momento de definição de caminhos.

Particularmente, eu penso que no Brasil os jovens são obrigados a fazer a escolha da profissão muito cedo. Mas a minha fala para o meu pai foi uma satisfação para ele, porque todo médico sonha ter um filho médico. Por mais que tenha tentado se conter, usado do discurso de que a decisão era minha e que eu devia seguir o meu coração, ficou evidente a sua alegria. Meu irmão mais velho não tinha vocação para a Medicina, já o mais novo nunca teria disposição e paciência para se dedicar a uma profissão tão desgastante.

Naquele ano de 1993, logo depois dessa minha conversa com o meu pai, ele telefonou para um colega, pedindo que me autorizasse a acompanhar a rotina de um hospital. Meu pai era diretor de um hospital na cidade, mas preferiu, por uma questão ética, não impor a minha presença no estabelecimento do qual era diretor. Fiquei por um bom tempo acompanhando o dia a dia dos médicos e administradores. Um dia, fui assistir a um parto. Bem ao lado, estava sendo realizada uma cirurgia plástica. Lembro-me até hoje de que a paciente, uma senhora grande e fisicamente avantajada, se submetia a um procedimento de lipo e abdominoplastia. Foi quase uma espécie de ímã, atraindo a minha atenção. Abandonei o parto e fui ver a cirurgia plástica. Fiquei observando o milagre que foi transformar aquela mulher numa nova pessoa, pode-se dizer esbelta. Imediatamente, parece que um interruptor foi ligado na minha mente. Era aquilo que eu queria fazer na vida.

Logo que terminou a cirurgia, perguntei ao médico:

— Para fazer isso o que você faz, o que eu tenho que fazer?

Ele riu. E me mandou embora. Finquei o pé:

— Não! É sério! O que preciso fazer para ser cirurgião plástico?

Ele viu a minha determinação e resolveu responder:

— Bem, seis anos de Medicina, dois anos de cirurgia geral, três anos de cirurgia plástica.

Ao voltar para casa, disse ao meu pai:

— Pai, eu já sei o que eu quero fazer. Quero ser cirurgião plástico.

Ele apenas me olhou e disse:

— Você está atrasado. Já sabe o que tem que fazer.

O ano estava terminando. Quando começou o período letivo de 1994, iniciei o terceiro ano do Ensino Médio, já matriculado também num cursinho. A vaga foi facilitada pela diretora – ela gostava muito de mim porque eu sempre participava do concurso de Míster Estudante para a escola dela. A bolsa era integral e isso ajudava bastante porque meu pai não estava muito animado em gastar mais dinheiro comigo. No ano seguinte, prestei vestibular e fui aprovado em todas as provas gerais para o curso de Arquitetura da FAU/USP, mas fui reprovado numa das prova específicas de habilidades técnicas (desenho). Prestei para Medicina também em faculdades privadas, mas não consegui ser aprovado.

Conversei com meu pai e expliquei que eu queria insistir, porque a Medicina estava no meu sangue. Ele me respondeu que me ajudaria, pagando um ano de cursinho. Mas seria só. Uma chance só. Um ano e nada mais.

Começaram as aulas e me tornei um aluno dedicado, coisa que nem eu mesmo acreditava ser possível. Passei a levar uma rotina de 14 a 16 horas de estudo por dia. Eu tinha a vantagem de ser atleta – é típico dos atletas, perseguir uma meta até conseguir alcançar. O esporte traz para as pessoas a disciplina e a determinação de focar e fazer as coisas acontecerem.

Depois desse ano de cursinho, prestei vestibular e entrei numa faculdade pública, na Faculdade de Medicina de Marília. A FAMEMA, como é conhecida, acabara de ser estadualizada e era muito concorrida: em torno de 100 candidatos por vaga, naquele ano. Optei por estudar no interior, por uma razão muito específica: eu queria estudar longe do meu pai. Como ele é um apaixonado pela Medicina, se eu ficasse perto dele, não deixaria que eu me desenvolvesse no que eu queria. E eu já sabia o que queria. Não tinha entrado na Medicina pela Medicina, mas pela cirurgia plástica. Desde o primeiro ano, minha meta já estava estabelecida, enquanto a maioria dos estudantes escolhe a especialidade só mais tarde. E tive muita sorte, porque meu pai fez Medicina em Marília também – foi da segunda turma, enquanto eu fui da 30ª turma –, e o meu professor de cirurgia plástica, Dr. Hélio Paoliello, tinha sido colega de turma do meu pai. Fui falar com ele. Cabeça raspada, magro, molecão de 18 anos, já fui dizendo:

— Dr. Hélio, vou ser cirurgião plástico.

Ele riu da minha audácia. Cirurgia plástica é uma matéria que um estudante só vai ver, em Medicina, no sexto ano. Mas me deu um desafio:

— No sábado vou fazer uma cirurgia. Esteja lá às 6h45. E note que 6h45 não é 6h46. Se você não estiver lá, às 6h45, de barba feita e roupa branca, não entra.

Naquele sábado era o dia da maior festa da faculdade: o Churrasco do Bicho. Programação de 24 horas de festa, que seria a primeira de que eu ia participar. Inocente, comentei:

— Professor, no sábado tem o Churrasco do Bicho...

Ele deu uma risadinha e respondeu:

— Eu sei. Minha filha namora um rapaz e está a maior briga lá em casa por causa desse churrasco. 6h45 é o horário. Se não quiser aparecer, me procure no sexto ano, que é quando você devia me procurar.

Às 6h45 eu estava lá na porta. Ele, sem olhar para mim, me mandou entrar e recomendou:

— Você não pergunta, você não encosta, você não faz nada. Só olha.

Eu já tinha feito os meus cálculos de que ao meio-dia, ao mais tardar, estaria livre para sair e que entraria no melhor momento da festa. A matemática falhou. Eram 15hs e a cirurgia não tinha acabado ainda. Era uma mamoplastia com abdominoplastia.

Lembro-me de que o Dr. Hélio usava uma novidade na época, bisturi de infravermelho – instrumento que já não se usa mais atualmente. No entanto ele era obcecado com a estética da cirurgia. Demorava-se no acabamento, na perfeição da sutura.

Foram mais duas horas ainda para finalizar. Acabei indo à festa, mas fiquei pouco tempo, porque estava exausto.

Estive presente ao lado do Dr. Hélio em várias cirurgias.

Porém, voltei a nadar, entrei em competições e isso me atrapalhou um pouco nesse primeiro ano de faculdade. Mas, sempre que tinha aula chata eu fugia e ia acompanhar as cirurgias. No segundo ano eu já podia perguntar. No terceiro ano pude olhar mais de perto. No quarto ano, comecei a seguir outra equipe de cabeça e pescoço que fazia a parte reparadora da cirurgia, o lado estético. Quando cheguei ao sexto ano, eu já era mais cirurgião plástico do que médico.

Se por um lado os anos de faculdade foram muito bons para me tornar cirurgião plástico, não foram fáceis no relacionamento com os colegas.

Para minha surpresa e aprendizado, o valor da beleza numa faculdade pública de medicina é praticamente ignorado. Quase ninguém considera isso importante. Talvez pela grandeza de estudar essa disciplina ou por se tratar de um ambiente muito mais focado no tratamento de doenças e menos na promoção da saúde e do bem-estar. Aquilo foi um choque para mim. Sofri bullying, me escondi, me isolei, não por valorizar a beleza, mas porque eu não fazia parte daquele universo e sentia-me deslocado.

Em um ambiente onde você é diferente e faz parte da minoria, você vai sofrer... é da natureza humana.

Tudo em que eu acreditava, boa parte do que estava baseada a minha personalidade, não servia de nada ali. Mas isso tudo fez parte de uma grande evolução interna.

Sintetizando para você esse percurso: formei-me, vim para São Paulo e fiz dois anos de residência de cirurgia geral no Hospital Geral do Grajaú, referência no atendimento de traumatologia, urgência e emergência, uma importante experiência de vida tanto pessoal como profissional.

Para minha surpresa e aprendizado, o valor da beleza numa faculdade pública de medicina é praticamente ignorado. Quase ninguém considera isso importante. Talvez pela grandeza de estudar essa disciplina ou por se tratar de um ambiente muito mais focado no tratamento de doenças e menos na promoção da saúde e do bem-estar. Aquilo foi um choque para mim. Sofri bullying, me escondi, me isolei, não por valorizar a beleza, mas porque eu não fazia parte daquele universo e sentia-me deslocado.

Durante esse período, meu foco em cirurgia plástica e no universo da beleza sempre foi o mesmo. Fiz vários cursos de extensão e tive contato com a técnica Lipofracionada, minha especialidade até hoje. Ingressei no Instituto Brasileiro de Cirurgia Plástica, serviço do Prof. Dr. Fábio Nahas, referência mundial na cirurgia de contorno corporal, talvez um dos nomes mais respeitados no mundo, quando se trata de abdominoplastia. Tive a honra de ser seu assistente e obtive meu título de especialista através de seus ensinamentos, algo de que tenho muito orgulho.

E continuo me atualizando em cirurgia plástica e estética, porque sempre soube que esse é o meu destino. Se me perguntam se sou médico, respondo que sou cirurgião plástico. Esse universo da beleza e da cirurgia plástica sempre foi muito forte na minha formação.

Aprendi muito durante os 6 anos de faculdade e durante minha especialização. Foi durante esse período que percebi que a beleza também tem a ver com o ambiente em que você está inserido, tem a ver com ecologia, conforme conversamos no capítulo 11.

## O MEU SENTIDO PROFISSIONAL

Por fim, me sinto capaz de ajudar você a se tornar mais belo(a) pelos meus mais de 25 anos de prática diária de cirurgia plástica.

Para mim não existe diferença entre cirurgia estética e reparadora. Somos um ser único e indivisível. Quando faço uma cirurgia estou reparando um dano físico ou psicológico.

Ao realizar uma operação reparadora quero proporcionar ao paciente a melhor e mais perfeita estética possível.

A melhor experiência com minha profissão é observar a mudança que o cuidado pessoal é capaz de trazer na vida das pessoas. Como o simples fato de realizar um procedimento minimamente invasivo é capaz de alterar a percepção própria de cada paciente e fazer com que ele melhore sua vida, seu trabalho, seus relacionamentos.

Assim como contei no começo deste livro, a energia de quem passa pelos procedimentos e tratamentos muda e é essa energia que defini como Energia da Beleza.

Por isso, querido(a) leitor(a), convido você a continuar nesta doce caminhada para desenvolver e cuidar de sua Energia da Beleza no dia a dia. Desejo que descubra e valorize o melhor que há em você e com isso contamine o ambiente com a sua Energia da Beleza.

Com carinho,

Victor Cutait